JN284955

近畿大学英語村
村長の告白

北爪 佐知子 編著

開文社出版

目 次

  理事長あいさつ (Greetings from the Chairman)（世耕弘昭）………*1*
  学長あいさつ (Greetings from the President)（畑　博行）…………*3*
  対談 (Interview with the Vice Chairman)（世耕弘成／北爪佐知子）…*4*
  まえがき (Preface)（北爪佐知子）………………………………………*7*

1. 英語村の概要 (What is "The Village"?)（北爪佐知子）……………*9*
  1.1 英語教育革命 ……………………………………………………*9*
  1.2 開村までの裏話 …………………………………………………*18*
  1.3 30万人の入村者を迎えて ………………………………………*24*
  1.4 英語村で得られる物とは？（ケーススタディ）………………*26*
  1.5 英語村を支えるブレイン ………………………………………*36*

2. 英語村スタッフ (The Staff at E^3)（Kim Robert Kanel）………*38*

3. 建物と施設 (The Building, Facilities and the Café) ……………*50*
  3.1 建築デザイン（岡本清文）………………………………………*50*
  3.2 バスケットボールコートの秘密（萩原理実）…………………*57*
  3.3 カフェ（吉本直子）………………………………………………*63*

4. メディア報道、広報 (The Media and The Press)（門　利幸）……*70*
  4.1 メディアは何を伝えたか？………………………………………*70*
  4.2 カメラのレンズを通して見た英語村 …………………………*73*

5. 英語村の活動内容 (Events and Activities)………………………*76*
  5.1 アクティビティーとイベント企画（岩下恵子）………………*76*
  5.2 ネイティブスタッフの取り組み …………………………………*88*
    毎日のスケジュールの作成 (Matthew Thornton)…………*88*
    会話とチャット (Nichola Musty)…………………………*100*
    人間の本質を利用して英会話を始めよう (Julia Gadd)…*106*

[*i*]

　　　　食べ物の役割 (Jeremy Scott) ……………………… *112*
　　　　料理のアクティビティー (Andrew McAllister) ………… *120*
　　　　バスケットボールコート (Joseph Stewart) ……………… *124*
　　　　音楽のアクティビティー (Dorian Holder) ……………… *128*
　　　　英語の使用を促すためのゲームの活用法
　　　　　　(Shane Inwood) ……………………………………… *136*

6. 授業と英語村 (Classes and E³) ……………………………… *140*
　　6.1.　アクティビティー参加レポート (Francis Abbott) ……… *140*
　　6.2.　豆炭（マメタン）、E³のパスポートをゲット！
　　　　　(Alison Kitzman) …………………………………… *148*

7. 地域社会への貢献 (What Can We Do for Our Society?) ……… *166*
　　7.1　貴重なボランティア (Todd Nelson Thorpe) ……………… *166*
　　7.2　英語プレゼンを経験して（中島弘貴）………………………… *176*
　　7.3　開かれた大学　一般公開（岩下恵子）……………………… *178*
　　7.4　サムライ in 御堂筋パレード（谷口佳代）…………………… *181*

8. 英語村裏話 (Inside Stories) ……………………………………… *185*
　　8.1　韓国英語村（谷口佳代）……………………………………… *185*
　　8.2　とっておきの話（谷口佳代）………………………………… *189*
　　8.3　縁の下の力持ち（仲上　徹）………………………………… *190*
　　8.4　プロジェクト発足から現在（河上宗司）…………………… *197*

9. 附属校、系列校との連携活動 (Kindergarten & High School) … *200*
　　9.1　こどもたちは、英語村！　大好き！（木原晴夫）………… *200*
　　9.2　高校生から見た英語村（田中聖二）………………………… *205*

Appendix 付録
　　1　2009年度アンケート結果 ……………………………………… *211*
　　2　アクティビティー　カレンダー ……………………………… *215*

戦時下の英語

近畿大学理事長　世耕　弘昭

　1932年生まれの私は、戦争末期、昭和20年、中学1年生のとき初めて敵国の英語に出会った。空襲で東京を逃れ、田舎の中学で英語排撃をうたう軍人の将校から訓示を受けた。「これからは、英語はいらん。全世界が日本語で覆い尽くされるように進軍するのだ」

　この田舎の老軍人教師、東京が爆撃で焼野原になっているのを知らないのかと、ただ一人、東京から転校してきた新一年生の私は思った。「今後、私の前での英語は禁止する。コップは水飲み茶碗、ゲートルは巻脚絆、野球のときのセーフはよし、アウトは駄目、ストライクはいい球、ボールは悪い球と言え！」

　今考えるとまさに馬鹿馬鹿しいが、昭和20年の春は、こんなことが当たり前であった。生徒が質問すると、その軍人教官は外来語をすばやく日本語に変えていった。私は考えぬいて、最後の質問をした。「教官、ハンドルは何というのですか？」　一瞬、教官の声が詰まった。そのときに軍人教官が何と答えたのか、私の記憶には残っていない。

　昭和20年夏、日本は敗戦した。私は焼野原になった東京の学校に戻った。街には英語が溢れ、飛び交っていた。東京の英語教師は生き生きとして言った。「これからは英語の時代だ。みんな、毎日この英語のリーダーの本で勉強するように！」それは、NHKの平川英語のテキストだった。そのテキストを読む教師の姿は、まさに時代の先端をゆく立ち姿だった。

　そんな或る日、学校の門の前にジープが止まった。2、3人のアメリカ兵が降りてきて、私と数人の友達に向かって英語をしゃべり出したが

まるでわからない。昨日の今日までは敵性語なのだから当然だ。そこで、教員室に仲間の一人が英語の教師を呼びに行った。しかし、その生徒に連れられてきた教師は、いつもの颯爽とした姿ではなかった。米兵に囲まれた英語教師の姿は、まるで子羊のようであった。

「おい、角の姉ちゃん呼んで来よう！」そう言って、仲間の一人が駆けて行った。連れて来られたのは、いつも米兵を相手にしている赤いスカートの女性である。「アメちゃん、学校の倉庫を見せろって言っている。武器でもあるかと思って調べるんだろ……」今考えると、そのときその女性が米兵と話していたのも、単語を羅列しただけの英語であった。

戦時中、学校には軍事教練というのがあり、鉄砲が２、３丁はあった。それは、実際には使いものにならない訓練用である。アメリカ兵は口笛を吹きながら、そのがらくた銃を持ってジープで去って行った。私は心の中で思った。「あの英語教師の英語、全然使いものにならないじゃないか！」

その日以降、私は、英語の授業に身が入らなくなった。テキストを読むだけの英語では、本当の英語が理解できないと痛切に悟った。以来、未熟でもいい、外人と体ごと接して学ぶ機会を作りたいと考えていた。

この度、北爪教授以下、スタッフの皆さんの参加を得て英語村を始めた。学内に英語で遊ぶ場所を造ることには賛否両論があった。

しかし、村長をはじめ、スタッフの努力の結果、その成果はあがっている。今までの英語教育とこのような遊びの英語教育の両輪が嚙み合えば、我々が学んだ竹槍教育よりもずっと、これからの若者が力強く世界にはばたける一助になれるのではないかと思う。英語村の前途に期待している。

英語村3周年記念発刊に寄せて

近畿大学学長　畑　博行

　三年前、学生に生きた英語に触れさせるため、「英語村」を作るという計画を聞いたとき、これは面白いと正直感心したものです。
　ただ、英語マニアの一部の学生の溜まり場になり、一般の学生が入りにくい場所にならないかという危惧の念がなかったわけではありません。しかし、やがてこれが単なる杞憂に過ぎないことが分かり、作ってよかったとしみじみ思っているところです。
　英語村では、毎日7～12人のネイティブ・スピーカーのスタッフが常駐し、やってくる学生の話し相手になっています（ここでは英語以外使用禁止）。また、ハンバーガーやサンドイッチなどの軽食を提供するほか、クリスマスやハロウィーンの時などには楽しい行事を催すなどしているので、創設時より学生の人気は高く、来村者が減ることはありません。
　英語村は今や本学の名所の一つとなり、外部の人たちの関心も高いようです。大学にとっては喜ばしい限りです。その設置に関わって下さった人たち、および村長、副村長を始め、企画から日常の運営に努力をして下さっている各位に対し、心より謝意を表したいと存じます。

「臆せず突撃する能力」
── 3周年記念にあたっての対談録から──

副理事長　世耕弘成／聞き手　英語村村長　北爪佐知子

北爪佐知子英語村村長（以下、北爪）　英語村がちょうど3年経ちましたので、このたび、『近畿大学英語村──村長の告白──』という本を出版する運びとなりました。
　この「英語村」をつくるきっかけになったのは、副理事長の英語学習の経験「英語というのは楽しく勉強しないといけないのだ」という考えが根底にあったとお聞きしたのですが。

世耕弘成副理事長（以下、世耕）　それは全く逆で、私にとって、英語は辛く厳しい勉強でした。私が中学1年の時の英語の先生が大変厳しい方で、みんな泣きながら勉強していました。
　高校2年の夏、当時ライオンズクラブの夏期交換留学でアメリカに行きました。不思議なことに相手の話していることがわかる！　私の言っていることも通じるし、これは結構楽しいな、と思いました。それはなぜだろう？　と振り返ると、あの中学1年の時、泣きながら覚えたことが残っているということがわ

かり、このときはじめて先生に感謝するとともに、「良薬口に苦し」とでもいうか、学習の効果は後でわかるんだなとわかりました。

北爪　iPS細胞を作られた京都大学の山中伸弥教授が同級生だったということで、お話をお伺いしましたが、副理事長は『風とともに去りぬ』の英語での台詞を全部覚えていらっしゃるのですか。

世耕　中学3年の時、『風とともに去りぬ』と出会い、はまってしまいました。高校1年の後半から高校2年にかけて、映画をよく観にいきました。北浜あたりへ親に隠れて見に行ったものです。舞台の最前列に座り、目に焼き付けて帰る。それが楽しく、そして、もっと台詞を知りたいと思い、そこから一生懸命ヒアリングを始めました。はじめは何を言っているのかもよくわからないシーンも、原書を一行ずつ解析しながら読んでいきました。塾をさぼって行ってましたから、何度か映画チケットの半券がズボンのポケットから出てきてこっ酷く怒られた思い出があります。それが高校時代です。

　英語体験のひとつ目は中学時代泣きながら覚えた大嫌いな基礎の英語、ふたつ目は、フロリダのホームステイで経験した「これは使える！　たいしたことはない」と実感したこと、そして『風とともに去りぬ』の解析作業。これが私の英語の基礎となっています。

北爪　学生にとって、英語コミュニケーション能力は必要だと思われますか。

世耕　これは絶対必要です。

　しかし、まず、ひとつは英語の文法やボキャブラリーよりも、話しかける勇気が必要です。ずっと思っていることですが、外国人のいるパーティーで、日本人は積極的に話しかけにいかない、というのがすごく駄目だと思います。国際舞台では、どんなブロークンな英語でもいいから、話しかけていく勇気があれば、自分の言いたいことを単語の羅列であっても通じるのです。それが非常に重要です。英語村では、そういう経験をしてほしい。私の言いたいことが

わかってくれる！ という自信をつけてもらう。そこにさらにボキャブラリーが増えると非常に強くなっていくと思います。

北爪 これからの若者にぜひ身につけてほしい能力は？

世耕 「臆せず突撃する能力」です。それが非常に重要だと思いますし、近畿大学英語村では、けがをしないで体験できる。もちろん失敗はありますが。コーヒー頼んだらコーラがでてきた、とか。失敗を積み重ねながら、だけどけがはしないですから。仕事ではけがすることはありますけど。けがをせずに失敗を体験できるというのもいいところです。

北爪 英語村には何度かお越しいただきましたね。

世耕 英語村には何度も行かせてもらっています。見学に来たおばちゃん達とも一緒になりましたけど、やはり日本のおばちゃんパワーはすごいですね。「臆せず突撃する能力」を持ってる。こういう人たちが外交交渉の舞台に立ったらいいなと思ったりします。

北爪 本当に貴重なお話をいただきまして、ありがとうございました。

まえがき
Preface

　この著書には、英語村の開村目的と、開村するための苦労話、開村してからのさまざまな工夫と知恵が、失敗談も含めて書かれています。英語に興味のある方、英語教育関係者、小学校英語教育関係者、中学校、高等学校、自治体、企業の関係者、英語で苦労したことがある方など、少しでも多くの読者がこの著書を読んで、「楽しく英語を学ぶ」とはどういうことかを知り、「英語教育革命」を実感していただければと思います。

　2006年10月30日に英語村が開村してから、まる3年が経過しました。入村者も、この著書が出版される2010年春には、30万人を超えるのではと期待され、近畿大学の人気スポットになっています。「英語教育革命」として、TV、新聞、雑誌などメディア報道も多くなされ、近畿大学英語村は一般の方々からも知られるようになりました。高校生、他大学、自治体からの視察も多くあり、自治体で独自の英語村を開村したとの話も聞き、さらに、海外からも視察があり、台湾に英語村が誕生したとの報告も受けています。

　「英語は、中学、高校、大学と10年習ったけれど、通じない」と嘆く前に、「近畿大学英語村」での英語教育を是非知ってください。英語はコミュニケーションのツールです。楽しく英語を学び、その英語を使って世界の人々とコミュニケーションする楽しみを知っていただきたいと思います。

　近畿大学がパイオニア・プロジェクトとして、「キャンパス留学」を始めてからも、より多くの入村者が来てくれることを願い、年々ますま

す改良を加えてきました。今では、歯車が自動的に回り始め、著名なゲストも来てくれる様になり、「若い日本人とこんなに英語で話せるとは思わなかった」との嬉しいコメントもいただいています。

　この英語村での「キャンパス留学」が、広く受け入れられ、「楽しく英語を学ぶ」という基本的概念が、日本全体で広がることを願っています。日本での英語教育の概念が変わり、そして、世界の英語教育に影響を与え、近い将来、非母国語話者が国際語である英語を楽しく修得することが現実となる日が来ることを願っています。

　この著書を完成するためには多くの方のお世話になりました。特に、開文社の安居洋一社長には、「楽しそうな企画ですね」と言っていただき、計画段階からのお励ましとお力添えを頂きました。そして、びっくりしたのは、東京から、大阪府東大阪市にある近畿大学英語村までお越しいただき、実際に英語村を体験していただき、貴重なアドバイスをいただきました。ここに、感謝の気持ちを述べたいと思います。

　最後になりましたが、この本のタイトルである、『近畿大学英語村　村長の告白』は、理事長からご提案いただいた名前であることを告白しておきたいと思います。本書の出版にあたり、学校法人近畿大学から出版助成金をいただきましたことは、英語村村長としての大きな喜びであり、ここに深く感謝申し上げます。

　2009 年 12 月

北爪佐知子

1. 英語村の概要
What is "The Village"?

1.1 英語教育革命

英語村開村3周年

　特大の白いバースデーケーキには、チョコレートで描かれた "Happy Birthday to E^3!!!" の文字がありました。赤、ピンク、黄色のカラフルなキャンドルが3本、その炎をゆらしていました。長方形のケーキの周りを、村長の私と、キム・カネル、アリソン・キツマンの2人の副村長が囲んで、一緒にキャンドルの火を吹き消しました。これまでのいろいろな出来事を思い出しながら、そして、これからの英語村の発展を心から願いながら。

　そう、2009年10月30日は、英語村開村3周年記念日だったのです。同じ日に、ハロウィンパーティーも重なり、広いはずの英語村は、楽し

そうにはしゃぐ学生、仮装したネイティブスタッフ、忙しそうに歩き回る日本人スタッフ、嬉しそうに見守る村議会議員、一緒に楽しもうとやってきた教員、何が起こるのかと期待に胸を膨らませて集まった職員であふれかえっていました。

"Hello, everyone! Welcome to E-cube." ネイティブスタッフの司会でパーティーはずっと英語で進行しました。Costume Contest（仮装コンテスト）に参加した学生は思い思いの工夫を凝らして、手作りの衣装を身にまとい、化粧をしたり、パフォーマンスでアピールしたりと、皆陽気で賑やかでした。優勝グループにはトロフィと賞金が渡され、準優勝と3位のグループには賞金が渡され、パーティーは最高に盛り上がっていました。天井からつり下げられた3つの紙製のお化けカボチャをたたき割ろうと、男子学生が箒を振り回していましたが、一番必死に箒を振り回して、カボチャをたたき割ったのは、一番背の高いカネル副村長だったのです。カボチャが壊れると、中からばらばらとキャンディの雨が降ってきて、女子学生が"wow"と黄色い声を挙げ、床にまき散らされたキャンディを拾っては、口にほおばって、子供の時のように笑顔が一杯になりました。

1ヵ月後の11月30日、3周年記念のハイライト・イベントが開催されました。ショーン・レノンを招いてのコンサート＆トーク・イベントでした。ショーン・レノンは故ジョン・レノンとヨーコ・オノの息子で、世界中の誰もが知っているミュージシャンです。また、父親のジョン・レノンは、私自身が若かりし頃、いつもその音楽を聞いていたビートルズのメンバーで、世界中で熱烈なファンがいた超大物のミュージシャンです。"Let it be"、"Yesterday"、"I want to hold your hand"、"A hard day's night"など、発音を真似してよく歌っていたものです。「レット・イット・ビー」ではなく、「レッティビ」と聞こえてくるのを新鮮な思いで聞き、真似しながら英語の発音を覚えたものです。まさに、私にとっては、「楽しみながら」発音を教えてくれた英語の先生でもあったのです。

毎日放送からはアナウンサー、カメラクルーなどメディア・スタッフが待ち構えていました。皆が心待ちにしているところに、何の気取りもなく、優しい笑顔でその大物ミュージシャンは現れました。お父さんに似た高音のきれいな声で、心安らぐ声とギターの音色は、「音楽って楽しいな」と久しぶりに思えたものでした。

　ある学生さんからの英語での質問「お母さんの作ってくれた日本料理で一番好きなものは何ですか？」に対して、「お母さんは芸術家だから、料理はしないんだ。僕がお母さんに味噌汁を作ってあげるんだよ」と言って皆を笑わせました。

　別の学生さんからの英語での質問「何故音楽をやっているんですか？」には、「お父さんは僕が5歳の時に暗殺されたんだ。だから、音楽をすることで、父と繋がっていたいんだ」と答えていました。彼の気持ちを感じて、ふと、涙が出ました。とても深い悲しみと満たされない愛情が、ショーン・レノンの内にあるのではないかと、ふと思いました。優しさと一抹の寂しさを秘めたミュージシャンと英語で話せた学生さんは、「良いおじさんって感じです」と喜びを語っていました。

　このように、英語でコミュニケーションできた喜びを知って、ますます英語が好きになって、将来、「外国人」ではなく、同じ「人間」として、自然に英語でコミュニケーションできる人が多く育ってほしいと願わずにいられない一日でした。

英語の遊び場

　英語村とは、英語でしゃべっているのだということを、忘れてしまう楽しい場所なのです。そして、「楽しい」ということが英語村の一番大事なコンセプトです。本学では、世耕弘昭理事長の「遊びながら英語を学べる空間を作る」という提案に基づき、2006年10月30日に英語村を開村しました。

　「中学、高校、大学で10年間も英語を勉強したのだけれど、英語が話

せない、英語が苦手だ」と感じている人も多くいるでしょう。「英語は読めるけれど、いざ、海外に行ったら、自分の英語が通じなかった」と嘆いて、ますます、英語が苦手に思えてくる人もいるでしょう。英語村はそのような英語アレルギーの人をも含めて、英語が苦手な人をターゲットとして、従来の英語学習方法と全く異なる英語教育構想を実現するため、「英語の遊び場」をコンセプトにして、総工費4億円を投じて、キャンパス内の「外国」として作られました。

　英語村での英語学習方法は、「キャンパス留学」と言われ、英語村内では、コミュニケーションはすべて英語で行います。英語村は「外国」なので、パスポートを持って入村します。ネイティブスタッフとのチャットや毎日3回開催されるアクティビティーに参加すると日付スタンプを押してもらえます。そして、パスポートがスタンプで一杯になると、11枚綴りのコーヒー券がもらえるのです。遊びながら英語を勉強して、リフレッシュのコーヒーが無料で飲めるという仕組みです。

　楽しいだけではありません。キャンパス留学の最大の特徴は、大学での専門の学習、研究を中断することなく、英語だけの環境で外国人との日常生活を通して自然な英語が学べる点にあります。本学は総合大学で、英語を専門とする学生ならばいざ知らず、「英語を学ぶだけのために留学することはできない」と考え

る学生も多くいます。実際、理工学部、経済学部、経営学部の学生が一番多く英語村を利用しています。留学にかかる高い費用も必要なく、本学の学生、教職員なら誰もが無料でキャンパス留学を楽しめるという点が大きな特徴なのです。

英語村の中心には、木造総ガラス張り、総吹き抜け、広さ320平方㍍（縦横各18㍍）、柱のない高さ10㍍の開放的な立方体の建物があり、キャンパスの他の煉瓦作りの建物とは全く趣きを異にしています。建物の愛称は"E³"（イーキューブ）で、"English" "Enjoyment" "Education"の3つの"E"の頭文字をとって、生物理工学部学生の森本真一さんのアイデアに基づき付けられました。

また、バスケットボールコートも「英語村は外国である」との認識から、キャンパスで唯一認められました。ここでは、英語に興味はないが、エネルギーの溢れている若い学生達が、ネイティブスタッフとともに汗を流すことにより、英語に触れて慣れてほしいとの願いを込めて設置しました。

そして、忘れてはならないのが、E³の裏に、ネイティブスタッフが作った英語村菜園があることです。園芸もアクティビティーの一つですし、ここでとれた、トマト、キュウリ等を用いて、料理のアクティビティーも行っているのです。

小さな地球

施設内では、アメリカ、カナダ、イギリス、オーストラリア、ニュージーランドなど世界各地からのネイティブスタッフが常駐し、様々な地域の発音、アクセントにも慣れることができます。出身地だからこそ知っている生の文化に触れることができるのも興味をそそられる点です。単なる知識としてではなく、目の前にいる人が、生まれ育った町を、地図を見ながら説明してくれます。海外に行く前には、多くの人が、英語村のネイティブスタッフにその国の習慣や"must see"のスポットや「耳

🇬🇧 United Kingdom 🇬🇧

Orkney Islands
Hebrides
Scotland
North Sea
Ben Nevis
Edinburgh
Northern Ireland
Manchester
Liverpool
Isle of Man
Irish Sea
Wales
England
London
Devon
Dover
Cornwall
English Channel

Kakadu
Cairns
Great Barrier Reef
Gold
Perth
Sydney
Canberra
Tasmania

🇦🇺 Australia 🇦🇺

🇺🇸 United States 🇺🇸

Seattle
New York
Chicago
Denver
Washington D.C.
Los Angeles
Phoenix
Dallas
Atlanta
New Orleans
Miami
Alaska Hawaii

より情報」を聞きに来るというのも、国際色豊かな英語村ならでの光景です。また、海外から帰ってきた人も、せっかく覚えた英語を忘れないようにと英語村を訪れます。

　また、英語村では、世界各地の生の文化に触れる楽しみもあります。4月には、"Easter Quiz"の答を考えながら、卵に絵の具で図柄を描いて、"Easter Egg"を作成します。欧米文化を理解する上で重要なキリスト教文化の一つである「イースター」の意義を学びます。10月には、巨大かぼちゃに目と鼻をあけて、"Jack-O-Lantern"を作り、中身を使って"Pumpkin Soup"を作ります。この時期限定でカフェで売り出される"Pumpkin Pie"は私自身も大好きなメニューですが、手作りのため数が限られていて、昼頃には売り切れてしまうのが残念です。

　12月には、チキンとクリスマスケーキで祝う、日本式のクリスマスではなく、"Stuffed Turkey"（詰め物をした七面鳥）と"Egg Nog"（卵、牛乳、砂糖、ナツメグ、ラム、バーボンを入れて温めて飲むクリスマスの代表的飲み物）を用意して、UNICEF（国連児童基金）を招いて、欧米式の本式の"Christmas Charity Dinner"を楽しみます。欧米に根付いたチャリティの精神を若い学生にも知ってもらいたいとの思いが込められています。「赤い物を何か身につけて，ジーンズではなく、できる限り正装で」などのドレスコードもあり、皆が精一杯の「正装」で参加します。

　楽しいこれらのイベントは、すべて英語で行われ、これらの準備、イベント参加を通じて、英語コミュニケーション能力が自然に身に付くことが、英語村教育構想の最大の特徴です。そして、もう一つ大事なのは、国際人として知っておくべき知識とマナーが自然に身に付くという大事な要素が隠されている点です。LL設備を利用した学習方法、辞書とにらめっこの学習方法だけでは、身に付きにくいコミュニケーション英語を修得し、同時に、欧米の文化を修養して欲しいとの願いが秘められています。

体験的英語学習法

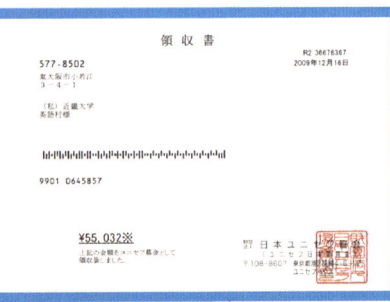

　E³内にはカフェがあり、特製キューブバーガー"Cube Burger"も販売しています。メニューもすべて英語で書かれており、ネイティブスタッフに英語でオーダーして、はじめて、"Food and Drinks"を得ることができます。ここでの体験を通して、レストランで英語でのオーダーもできるようになるのです。

　毎日、3回、ネイティブスタッフが講師を務めるアクティビティーがあり、スポーツ、音楽、料理、クラフト、クイズ、世界文化講座等を開いています。

　社交ダンス、サルサ等を学ぶことで、"toe"（つま先）と"ball"（足の親指の付け根）"heel"（かかと）等の体の部位を表す語彙を知ることができます。フェンシングでは、"Sword forward!"で剣を突き出す。エアロビクスでは、"Belly in!"のかけ声でお腹を引っ込める。アクティビティーを楽しみながら、語彙や表現方法が確実に身に付いていきます。村

長である、私自身もダンスを教えたことがあります。

　料理のアクティビティーでは、まな板は "cutting board"、包丁は "knife"、大さじは "table spoon"、小さじは "tea spoon" というように、一瞬英語でなんて言うのか思い出せない語も簡単に覚えられるのです。しかも、出来上がれば、皆で試食会、英語が覚えられて、おいしい物が無料で食べられるという一石二鳥のアクティビティーなのです。"shish kebab"（シシカバブ）の時はお肉の匂いにつられて、多くの男子学生が列をつくりました。アリソン副村長が得意の料理の腕を振るって、"clam chowder"（クラム・チャウダー）を作ってくれたこともありました。

　さらに、音楽のアクティビティーも盛んに行われています。最近は "hip-hop" が主に行われていますが、開村当初は、カネル副村長がギターの弾き語りで、自作の「納豆ソング」を披露してくれ、みんなで、「ナットウ・ナットウ」と歌っていたのも懐かしい思い出です。

　アクティビティーはすべて、ネイティブスタッフが各人の趣味や得意技を生かして講師を務めています。さらに詳しい教授法は、第5章で、ネイティブスタッフが詳しく書いていますので、是非それを読んで下さい。

1.2. 開村までの裏話

生協跡地英語村構想

　2005年9月、英語村開村の約1年前、呼び出されて秘書室に行くと、そこには、語学教育部カネル教授がすでに来ていました。「何で呼び出されたのか？」とふたりで話し合ったのを覚えています。「近未来プロジェクトIV（生協跡地英語村構想グループ）」と書かれた一枚の書類が渡され、それには、12人の教員、職員の所属と名前が書かれていました。何のことかよく理解できないまま、理事長室に入り、理事長から、英語村構想の主旨を聞かされたのです。

理事長：企業側の話では、「就職に語学は必要ない」とのことなので、ホッとしたら、「ただし、英語だけは別だけれど」と言うのだ。息子の弘成（世耕弘成参議院議員）は、英語が嫌いだったのだ。ところが、映画が好きで、英語の映画ばかり見ていて、それで英語がしゃべれるようになった。英語を楽しく勉強できる場所を作ってくれ。ただし、お金はないから、木造で作ってくれ。やってくれるか？

　緊張で固まっていたので、確か、このような話だったと記憶しています。「何から始めようか？」「まず、現場視察からだ」と思い、すぐに、生協跡地を見に行きました。すると、カネル先生も見に来ていました。二人で、古い生協の建物があった、広い空き地を見ながら、大きな夢を語り合いました。それが、英語村開村計画の始まりだったのです。

E^3 設計図

　まず、最初にぶち当たった壁は、建物でした。丁度その頃、理工学部の実験棟建設が計画され工事に着手しようとしていた時だったのです。

「同じキャンパス内で、同時に2つの建築計画は認められない」という条例があるとのこと。「実験棟が完成した後、つまり、早くても2008年なら、建設可能だ」とも教えられました。さらに、「仮の建物ならば認められる」との話から、仮設テントのカタログを取り寄せたり、業者に見積もりを出させたりもしました。しかし、「仮設テントは台風が来たら、たたむ必要がある」「雨の日はどうするのか？」など次々と難問が降って来ました。仕方なく、理事長にこの旨を報告に行きました。すると、理事長は、「2008年では遅いのだ。少子化による冬の時代を克服するには、今すぐに対策を取る必要があるのだ」と語られました。それからは、かけずり回り、悶々とする日々が始まったのです。

　ある日、駐車場で施設課の萩原課長と偶然出くわしました。

北爪：何か良い方法ないでしょうかね？
萩原：市の建築課に相談してみましょうか。

こんな会話が発端となって、ウルトラCで建物建設が認可されることとなったのです。
　やっと建設が認められるという可能性が出てきて、英語村構想グループでは、「英語村では何をするのか？そのためにはどのような建物や施設が必要か？」と長時間に渡る議論を繰り広げていました。そこに、後からグループに入った文芸学部の岡本准教授が「爆弾発言」をしたのです。

岡本：皆さんの考えは間違ってる！！！　まず、どんな建物を建てるかが先なのだ。何をするかは後で決めればいい！！！　僕が設計図を描いてきましょう。

グループの皆は、目が点になりました。でも、長年建築設計業務に携わ

ってきた岡本先生の「設計図」を見てみたいという思いもあったのです。次回、岡本先生はプロフェッショナルな「設計図」と「モデル」を披露してくれました。パイン材を格子状に組み、間にガラスを入れ、柱のない大空間を作るというものでした。もう一度目が点になりました。「ユニークですばらしい！」の一言で皆がこの建物の中で英語での生活をする夢を膨らませたのです。

　問題は費用でした。「総工費4億円！！！」と聞いて、目の前が真っ暗になりました。とても、大学は認めてくれないと誰もが心配したのです。木造で、大空間を作ると、逆に、コンクリートで作るよりずっと高くなるというパラドックスに、うちひしがれました。岡本先生だけは、「絶対これで行く」というプロとしての強い自信を持っているようでした。

Gestalt（ゲシュタルト）

　「4億円も使って先生達は何をしようとしてるのですか！」という厳しい非難が飛んできました。「本当に学生は入ってくるのですか？」という疑問も投げかけられました。

　「非難、心配はごもっとも」と思う反面、「絶対に、成功させる」という強い決意がグループのメンバー全員にありました。責任者としては、このプロジェクトを成功させるためには、教員、職員、学生、協力者の知恵、知識、経験、想像力、労力、助言のすべてを有機的に活用させる必要があると考えました。つまり、Gestalt（ゲシュタルト）を作ろうと考えました。ゲシュタルトとは、ある対象を、個々の要素の総和として捉えるのではなく、総和以上のまとまった全体として捉えるという考え方で、例えば、新聞の写真は、点の集合として見えるのではなく、顔として見えるのは集合体の持つ働きであるという考えです。

　12人の力ではなく、12人それぞれが持っている5人のネットワークをフルに活用すれば、12人は60人分の力になりうると考えたのです。

多くの人の前ではなかなか遠慮して発言しない若い人達のアイデアを引き出すために、2〜3人のワーキンググループを作って、そこで、発言してもらい、その報告を全体の会議で発表してもらうという方式をとりました。発言することで、自分が深く関わっている仕事であるとの意識を持ってもらいたかったのです。

　まず、①「アクティビティー・イベント」②「ネイティブスタッフ」③「施設・設備」④「広報・マスコミ対応」⑤「リフレッシュメント（食品・飲み物）」⑥「英語放送・英語資料」の6つのワーキンググループを作り、希望のグループに参加してもらいました。もちろん重複はオーケーです。いろいろなアイデアを出してもらい、それを全体会議で練り上げていく、結論が出る頃には皆がそのアイデアを十分に理解しているという方式を取りました。この方式の問題点は、時間がかかると言うことで、実際、「長時間、何度も会議しすぎだよ」との心配の声も聞かれました。それでも、結果的には、「自分のプロジェクト」として強い思い入れを持って英語村を作り、育ててきたメンバーの思いが結実して、成功例になり得たのだと考えています。

　また、忘れてならないのは、学生スタッフとして、文芸学部の橋本祖さん、理工学部の中野正裕さんに会議に参加してもらい、学生からのアイデアを得ることができたことです。英語のコミックを置くことを提案してくれたのも、彼らです。彼らも英語村構想実現の大きな力になったと思います。

視察

　英語村をつくるにあたり、British Hills（ブリティッシュ・ヒルズ）という中世英国を再現した「文化空間」があると聞き、プロジェクトメンバーの大倉さんと視察に出かけました。福島県天栄村の海抜1000メートルの森の中に、立派なマナーハウス（英国荘園領主の館）が作られていました。建築資材は全て英国から取り寄せ、まさに、本物の英国の建

築、家具、調度品が再現されていて、スケールの大きさにただ脱帽するのみでした。3月の終わりというのに、吹雪に吹かれながら、雪の中をハリー・ポッターの映画に出てくるような黒いマントに身を包みながら、長靴を履いて、遠く離れた料理教室のある建物に歩いていったのも、今では懐かしい思い出です。ネイティブスピーカーの料理教室に参加し、スコーンを作り、一緒に紅茶を飲みながら、「近大英語村には料理のアクティビティーを絶対入れましょうね」と話し合ったりしました。また、ネイティブスピーカー達が、とてもフレンドリーで心温まる印象を持ったことから、「ネイティブスタッフは若くてフレンドリーな人が良いわね」など、たくさんのヒントを得ることができた訪問でした。

　韓国にも、英語村があることを聞き、門さん、谷口さんと私の3人で視察に行きました。パスポートのアイデアはここでヒントを得ましたし、韓国の子供の英語発音がネイティブスピーカーと変わらないということも認識できました。豊富な資料が用意されていることなど生活を通して英語を学ぶ様々な工夫がされており、大変たくさんのヒントを得ることができました。韓国英語村の詳しい報告は、8章の「韓国英語村」をお読みください。

マネージャーとネイティブスタッフ

　英語村構想からさかのぼること、4年余りでしょうか？　11月ホール地下にカフェができていました。ECP (English Communication Plaza) と呼ばれ、ネイティブスピーカーが常に在住して、コーヒー1杯で英語のレッスンが受けられるというものでした。その後、少し離れた情報処理教育棟(KUDOS)に移転したのですが、これが、英語村の前身です。ECPの問題点は、いつも同じ学生が通っていること、そして、離れたところにあるせいか、それほど、多くの学生が利用していないという点でした。実際は1日に10人前後だったということです。一度行ってみ

ましたが、企画をする人がいないことから、チャットだけでは話題が続かない様子でした。

　この反省に立って、問題点を分析しました。まず、何の準備もなく、単にテーブルと椅子があるだけでは、チャットが続かないことが明らかになりました。そこで、話のネタとなる資料がすぐ手元にあること、毎日異なるアクティビティーを企画すること、月1回はイベントを催すこと、ネイティブスタッフもできるだけ、異なる国の出身者で、しかも、一芸に秀でていて、さらに、学生の年齢に近い、フレンドリーな明るい人を選ぶこと等です。これらを企画、実行するため、そして、ネイティブスタッフを統括するため、マネージャーを常住させることが必要だとの結論に達したのです。

　そこで、白羽の矢が立ったのが、本学文芸学部出身で、留学経験もあり、英会話講師、イベントの企画運営、ミュージシャン、レストランの料理人の経験もあり、ふぐの調理師免許まで持っている Keiko さんだったのです。彼女のおかげで、いつも、新しい楽しさと驚きが待っている、そんな英語村へと今も進化し続けているのです。

1.3. 30万人の入村者を迎えて

メディアの力

　2009年11月3日現在で、入村者はのべ27万人を超えました。この本が出版される2010年3月には、おそらく30万人を超えていると予想されるのです。初め、英語村構想を企画したときには、一日100人以上の入村者が目標だったのです。それが成功するか否かの基準だったのです。でも、現在は4月、5月、6月と1日1000人以上の入村者がある時もあります。普段でも一日400〜500人を超えます。嬉しい誤算なのです。当初7人で計画していたネイティブスタッフは、今20人を超えるようになりました。それでも、1000人以上の時は、ネイティブスタッフは昼ご飯を食べる時間もないほどの忙しさです。

　開村の約3ヵ月前の、2006年8月、画期的な英語教育を始めるということで、日本経済新聞が最初に、英語村を取り上げてくれました。学長、オリンピック選手の山本貴司さん、中尾美樹さんらを招いての、オープニングセレモニーがABCテレビ「ニュースゆう」にて紹介され、さらに、テレビ大阪「ニュースBIZ」にて紹介され、読売新聞、毎日新聞、産経新聞と連続して掲載されました。

　12月に入り、NHKテレビ「もっともっと関西」で生中継されるとさらに反響が大きくなりました。2007年1月には、MBSラジオより生中継（こんちわコンちゃんお昼ですよ!!!）にて紹介され、ついに、海を超えて台湾中国テレビでも取り上げられました。3月に朝日新聞に「一般公開」の記事が掲載されると、その日は英語村の電話が鳴り続けました。11月に、日本経済新聞に「こだわり人」として私自身が掲載された時には、ご近所の方々にも「見ましたよ」と言われて、ちょっと嬉しいような恥ずかしいような思いもしました。

　2008年になっても、メディアの取材は続きました。各社の新聞も進化し続ける英語村を取り上げ、さらに、*AERA English* という月刊誌で

「特集3　早稲田、多摩、近畿、神田外語の最新英語事情」という記事が掲載されました。『英語教育12月号』の特集記事「ホームルームを飛び出して英語を学ぼう！」への原稿執筆依頼を受け、学問的視点から英語教育革命の利点を説明することができたのは英語教員としては嬉しい限りです。

　2009年の一番の話題はビリー隊長が来村し "Billy's Boot Camp" を繰り広げたことでしょう。ビリー隊長も、「英語でコミュニケーションができる学生がこんなにいるなんて！」と大喜びで、列を作って握手を求める学生一人一人に英語で話しかけ、記念撮影に応じてくれるなど、楽しい一日でした。この話題が朝日新聞に「ビリー隊長、近畿大学英語村で英語講師に」と掲載され、ビリーが日本人女性と結婚し、茨木市に住んでいることが「発覚」すると、フジテレビ「特ダネ！」、毎日放送「ちちんぷいぷい」、日本テレビ「スッキリ！」、テレビ朝日「スーパーモーニング」で放映され、その都度「近畿大学英語村」が話題になったのは「瓢箪から駒」の心境でした。

1.4. 英語村で得られる物とは？

「恥の文化」を忘れよう！

　「楽しく英語を学ぶ」という英語村の基本的コンセプトの具体例を紹介してきましたが、「本当に楽しいだけで、英語コミュニケーション能力がつくのかな？」と「真面目な」日本人は考えるかもしれません。

　「楽しい英語教育」の有効性は、教育心理学の視点からも説明できるのです。耳慣れない言葉でしょうが、"gelotophobia"（ゲロトフォービア：笑われることの恐怖感）は Titz (1996) が提唱した言葉です。"gelos" はギリシャ語で「笑い」を表し、"phobia" は「恐怖」を表します。Dr. Titz（ティツ医師）は、患者のなかに「笑われることの恐怖感」を強く感じる人がいることを発見したのです。さらに、これらの人々はまるで、木製の操り人形のような、ぎこちのない、独特な動きをすることから、"Pinocchio-syndrome"（ピノキオ症候群）と名付けています。

　チューリッヒ大学の精神科医ルッチ医師は、「典型的なゲロトフォービアのケースとして、見知らぬ人が笑っているのを聞き、自分を笑っているのだと考えてしまう。極端な事象では、これが、汗をかいたり、動悸がしたり、震えがきたり、ただ固まってしまったりする原因になる」と述べています (Ruch/2004)。ルッチ医師は、75ヵ国の 23,000 人の人々を対象に調査を行い、「全体の 2％から 30％の範囲で、この症状が見られる」と報告しています。また、「ヨーロッパでは、イギリスが断然トップだった」とも述べており、「民族、文化により恐怖感の程度が異なる」という事実を指摘しています。

　日本は「恥の文化」と言われ、多くの日本人は「他人に笑われることは恥ずべきこと」という意識を持っています。笑われて冷や汗をかいたり、固まってしまい、恥ずかしい思いをしたという経験は誰にでもあるのではないでしょうか？　外国語である英語でコミュニケーションを行うのには失敗が付き物ですが、ミスをして笑われるのではないかという

恐怖感は、日本人が外国語を習得する上で大きな障害となっています。

ETS (Educational Testing Service) は、毎年国別のTOEFL受験者の平均点を公表していますが、2006年のデータでは日本は120点満点中65点で、アジア29ヵ国中最下位と発表されています。もちろん、日本人の受験者数が多いため、これだけを論拠にして「日本の英語教育レベルが低い」と議論するのは問題がありますが、欧州先進国に比べてかなり劣ることは事実です。

日本人の英語力を上げるための一方法として、2011年から小学校5〜6年生で英語が必修化され、さらに、低学年化が進められるという動きもあると言われています。しかし、子供の頃英語教育を受けてこなかった人達の英語力をどのように上げるのかというのが、大学の英語教育者の直面する問題でもあります。

何かやりたいことがある、興味のあることを夢中でやっている。知りたいことがある。伝えたいことがある。それを行うのに、英語という言語をコミュニケーションの手段として使っている。そのことで、「英語のミスで笑われる」という恐怖心を克服することが容易になります。恥を恐れる文化を持つ日本人にとって、英語村での英語教育は改革的効果

何学部ですか？	
理工学部	317
経営学部	269
経済学部	165
文芸学部	107
法学部	100
薬学部	35
合計	993

- 薬学部 3%
- 法学部 10%
- 文芸学部 11%
- 経済学部 17%
- 経営学部 27%
- 理工学部 32%

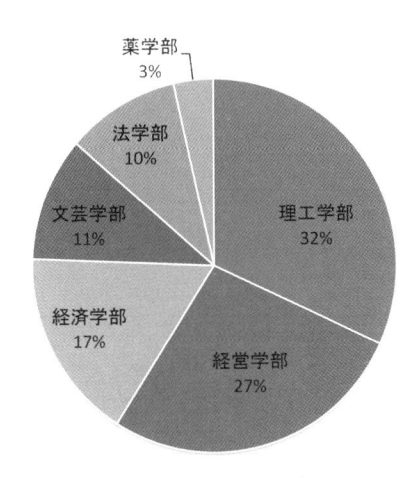

（さらに詳しいアンケート結果は「付録1」を参照のこと）

をもたらしています。英語村に来村した1000人の学生のアンケート調査の結果でも、「外国人と話すのが怖くなくなった」「外国に興味を持つようになった」という結果が報告されているのです。

A. 以前と比べ外国人が話しかけてきても抵抗がなくなった。

思う	332
少し思う	490
あまり思わない	118
思わない	40
合計	980
平均値	3.136

2008年との比較： 昨年は思う、少し思うの合計が83%であったのに対し、今年は84%であまり変わりはなかった。

B. 英語をもっと勉強しないといけないと感じた。

思う	690
少し思う	243
あまり思わない	37
思わない	11
合計	981
平均値	3.643

2008年との比較： 昨年は思う、少し思うの合計が91%であったのに対し、今年は95%で少し上昇した。

C. 英語をコミュニケーションの道具としてとらえるようになった。

思う	352
少し思う	453
あまり思わない	148
思わない	27
合計	980
平均値	3.153

2008年との比較： 今年初めての設問であるため、比較なし

D. 英語を楽しいものだと感じるようになった。

思う	354
少し思う	460
あまり思わない	146
思わない	20
合計	980
平均値	3.171

2008年との比較： 今年初めての設問であるため、比較なし
（質問FからIまでは「付録1」を参照のこと）

英語は短い時間でも聞けるようになる！

　英語が聞けるようになるには、長い時間リスニングの勉強をすることが必要で、8000時間は聞く必要があるとも言われています。1日10時間勉強しても、800日、約2年半はかかる計算となります。英語の音声が聞こえなければ、英語の発音もできないだろうと考えられます。

　英語村では、一見何気ない、誰も気づかなかったリスニング力アップの秘策を用いて、自然にリスニング力があがり、発音も良くなる工夫をしています。まず、第一は机の大きさです。3〜4人しか座れない小さな丸いテーブルをたくさん置いています。これは、ネイティブスタッフの顔がすぐ近くで見られて、口の形、舌の動かし方まで、しっかり見えるためなのです。LL教室でテープを聴いたり、DVDを見るだけではわからない「口の動き」を間近で見て、「生の発音」を聞けるようにするための工夫です。

この教育方法は、「対面式発音訓練」と呼ばれる音声習得方法で、その有効性は、英語教育学の視点からも、裏付けられます。Kuhl (2003) は、アメリカ人の幼児に対して、外国語となる中国語の発音習得に関する実験を行った結果を次のように報告しています。

> The results demonstrated that exposure to recorded Mandarin, without interpersonal interaction, had no effect. Between 9 and 10 mo of age, infants show phonetic learning from live, but not prerecorded, exposure to a foreign language, suggesting a learning process that does not require long-term listening and is enhanced by social interaction. (Foreign-language experience in infancy: Effects of short-term exposure and social interaction on phonetic learning by Kuhl, Feng-Ming Tsao, and Huei-Mei Liu/2003)

つまり、「母国語話者との直接の触れ合いのない状態で、録音された中国語を聞いても効果は見られなかった。9〜10ヵ月の幼児では、生で音声を聞いたときには音声を習得できるが、オーディオ機器で聞いただけで、人との触れ合いのない音声教育では、音声を習得できなかった。この実験結果は、長時間リスニングをする必要のない、母語話者との直接の触れ合いによる音声習得の有効性を示している」と報告しています。

　幼児と大学生では、多少の違いはあるかもしれませんが、英語村では、数人しか座れない小さなテーブルでネイティブスピーカーと対面して英語でのチャットを行っており、間近で、口、唇、舌、のど等の形や動きを見て英語の音声を直に聴くことで、まさに、「対面式発音訓練」を受けていることになるのです。

　発音が悪いため英語が通じなくて恥ずかしい思いを経験した人、正しい音の修得ができていないために英語が聞き取れなくて、コンプレックスを持つ人は、いつも「ミスをして笑われるのではないか？」という恐怖感を持つことになり、英語嫌いにもなります。英語を用いてネイティ

ブスピーカーとコミュニケーションができた時の満足感は、さらに学習意欲をかき立て、英語が好きになってくるという良い循環を生むのです。

英語村ケーススタディ

教育理論だけではなく、実際に英語村によく来ている学生さんにインタビューしてみました。そのうちの数名を紹介しましょう。

その1　大平知佳さん

　　学部、専攻、学年　　　　理工学部機械工学科1年（2009年2月現在）
　　大学入学前の英語教育歴　高校時1年半英会話学校に通う。
　　大学での英語授業　　　　週3コマ
　　課外活動　　　　　　　　英語村で毎日昼食時1時間をチャットで過ごす。
　　TOEIC® 2008年 6月　　 総合点645点：Reading 275 Listening 370
　　　　　　2008年12月　　 総合点750点：Reading 320 Listening 430
　　　　　　　　　　　　　　（6ヵ月で、105点の伸び）

大平さんは理工学部機械工学科の学生であり、英語の授業は週3コマで、留学、海外滞在などの他の英語体験も特にないことから、英語村での毎日の活動が英語力向上に役立ったと考えられます。特に、12月TOEIC®のテスト時には、「英語がゆっくり聞こえるようになった」と証言しているように、リスニングの力が半年で60点以上向上しており、同時に、リーディング力も45点向上し、総合で、6ヵ月で、105点の伸びを示しています。本人は、「毎日昼ごはんの時1時間を英語村でチャットして過ごした」と言っているので、「昼食型英語村活用法」と言えるでしょうか？

　また、クリスマス・チャリティ・ディナー・パーティーでのドレスコード、チャリティ等の欧米文化を実体験して、「本当の外国にいるみたい」とか「自分もかわいいものを買えて、それで人も助けられたらいいなあと思った」というように、国際社会で必要な教養も修得していま

す。英語に対する認識も「自然に覚えられる」とか「授業の英語とは違う英語みたい」というように、「楽しいものである」というように変化しており、これも英語村での英語教育の成果であると考えられます。

その2．橋本千明さん

学部、専攻、学年　　　　経営学部商学科3年（2009年2月現在）
大学入学前の英語教育歴　特になし
大学での英語授業　　　　3年生後期なし
課外活動　　　　　　　　英語村でのチャット、イベントに参加している。
TOEIC® 2006年　6月　総合点475点：Reading 275　Listening 200
　　　　2006年12月　総合点550点：Reading 275　Listening 275
　　　　2007年　6月　総合点540点：Reading 185　Listening 355
　　　　2007年10月　総合点485点：Reading 270　Listening 215
　　　　2008年　7月　総合点530点：Reading 220　Listening 310
　　　　2008年12月　総合点685点：Reading 290　Listening 395
　　　　　　　　　　　　　　　　（5ヵ月で、155点の伸び）

橋本さんは経営学部商学科3年で、サービス業、観光を専攻しており、3年生の後期には英語の授業もない状態だとのことです。3年生の2008年7月から12月まで、5ヵ月で、530点から685点と155点の大幅な伸びを示しており、特にリスニング力が向上しています。本人に聞いてみると、「英語の映画を何回も見て、わからないことがあれば、英語村のネイティブスタッフに何度も "What is he saying?"（これなんて言ってるの？）と聞いて、繰り返し聞いた」と言っており、「ネイティブスタッフ活用型」と言えるでしょう。

さらに、「英語村では、授業と違い、何度でも質問でき、話がつながっていくことで、真のコミュニケーションができている。話したいことがあるから、英語を使う」とも言っており、英語を勉強の科目としてではなく、「コミュニケーションのツール」として認識するようになり、これにより、ネイティブスピーカーとのコミュニケーションを楽しみな

がら、大きく英語力が伸びたと考えられます。ハロウィンパーティーでもパフォーマンスコンテストに出場して、今は亡きマイケル・ジャクソンの真似をして皆を楽しませてくれました。

その3. 田中紗希子さん

　　学部、専攻、学年　文芸学部英語多文化コミュニケーション学科2年
　　　　　　　　　　　　　　　　　　　　　　（2009年7月現在）
　　大学入学前の英語教育歴　小学校時週1回英語で遊ぶ。
　　大学での英語授業　　　　週5コマ
　　課外活動　　　　　　　　英語村に毎日来ている。
　　TOEIC® 2008年　6月　総合点590点：Reading 255　Listening 335
　　　　　　　　　　9月　総合点605点：Reading 220　Listening 385
　　　　　　　　　10月　総合点630点：Reading 270　Listening 360
　　　　　　　　　12月　総合点725点：Reading 330　Listening 395
　　　　　　　2009年 5月　総合点765点：Reading 410　Listening 355
　　　　　　　　　　6月　総合点800点：Reading 345　Listening 455
　　　　　　　　　　7月　総合点860点：Reading 405　Listening 455
　　　　　　　　　　　　　　　　　（1年1ヵ月で、270点の伸び）

田中さんは英語専攻であり、英語の授業は、週5コマありますが、小学校の英語遊び以外は他の英語体験も特になかったということです。1年1ヵ月で、590点から860点と270点の驚異的な伸びを示しており、リーディング、リスニングとも大幅に向上しています。同コースのTOEIC®向上の平均点が1年50点増であることと比較すると、飛躍的な伸びであると言えます。英語村に毎日来ていることから、英語村での毎日の活動が、英語力の向上に役立ったと考えられ、「日常生活体験型」と言えるでしょう。

「授業の英語は勉強だったが、英語村の英語は日常の会話で身につく」とか、「英語村は楽しくて、来たいと思う」というように、英語に対する認識が、コミュニケーションのツールとして、楽しいものであると変

化しており、これも英語村での英語教育の成果です。「クリスマスパーティーのチケットを走って取りに来た」という言葉からも、本式のクリスマスパーティーやネイティブスピーカーとの会話を楽しみにしていることも、異文化理解を深めるという点で英語村の成果です。田中さんは3年生になったら、大学の留学制度を利用して奨学金で海外留学する夢も持っているそうです。

その4　土井優香さん

学部、専攻、学年　文芸学部英語多文化コミュニケーション学科1年
(2009年2月現在)
大学入学前の英語教育歴　特になし
大学での英語授業　　　週6コマ
課外活動　　　　　　　英語村に毎日来ている。
TOEIC® 2008年　6月　総合点570点：Reading 270　Listening 300
　　　　2008年10月　総合点700点：Reading 340　Listening 360
　　　　2009年　1月　総合点745点：Reading 345　Listening 400
(7ヵ月で、175点の伸び)

英語専攻であり、英語の授業が週6コマあるが、特に他の英語体験もないとのことです。7ヵ月で、TOEIC®が570点から745点と175点の大幅な伸びを示しており、特にリスニング力が300点から400点へと100点も向上しています。英語村では、先生と友達になり、皆に会いに毎日来ていることから、自然に英語に囲まれる環境ができており、英語村での毎日の生活が、リスニングの力の向上に役立ったと考えられます。「自分が変わる、積極的にアクティブになる、色で言えば黄色」とか、「英語村での英語教育は楽しい」というように、英語に対する認識が変化しており、これも英語村での英語教育の成果です。「英語を間違っても直してくれる」とか、「生活している感じで、わかりやすく上達していく」というように、楽しみながら、自然な会話を習得している点も飛

躍的に伸びた理由だと考えられます。「アクティブ・ライフ型」と言えるでしょうか。土井さんは現在大学の留学制度を利用して留学中ですので、帰国して、ますます成長している姿を見るのが楽しみです。

キャンパス留学体験

　この他にも、法学部2年生の青木友宏さんは、毎日英語村に通い続け、3ヵ月間で200点もの向上を見せており、「英語を使うことにためらいがなくなった」との感想を述べています。経営学部3年生の仲西つよしさんは、1年半で235点の伸びを示し、「卒業までには900点をとる」との夢を語ってくれました。理工学部数学コース2年生の田中愛海さんは「ハロウィンパーティーやクリスマスパーティーはネイティブスピーカーがいっぱい集まり、まるで、本当に留学しているようだった」との印象を語ってくれました。文芸学部4年の山直龍馬さんは、「いろいろな国から先生が来ていることから、各地の英語が聞けて、リスニングとスピーキングの勉強になる」と言い、さらに「課題提出を含めた一連の授業による教育より、英語村に一日中こもっているほうが伸びる」との感想も述べています。

　これらのケーススタディを通して明らかになった共通する結果として、次の点があげられます。
　① 英語コミュニケーション力が短期間で大幅に向上している。
　② 実体験を通して国際文化に対する理解が深まる。
　③ 英語をコミュニケーションのツールとして理解するようになる。

そして、何より重要なのは学部を問わず、皆が「楽しかった」と答えてくれている点です。卒業単位や勉強という縛りのない状況で、英語が得意とは限らない人達が、楽しいことをして、これだけの成果をおさめている点が重要だと思われるのです。

1.5. 英語村を支えるブレイン

英語村

　英語村が開村してから、プロジェクトグループのアドバイザーだった私は、理事長の「英語村だから、村長だ」というユーモアあふれる一言で、「村長」に任命されました。カネル教授とアリソン講師は、「副村長」になりました。プロジェクトグループのメンバーは、皆がそろって、英語村村議会の「村議員」として、企画運営を担ってくれることになりました。どのメンバーにとっても、英語村は苦労して生み出し、手塩にかけて育てたプロジェクトになりました。

　強力な助っ人であるマネージャーが、このプロジェクトをさらに改良し、ネイティブスタッフも、熱意と努力で英語村をさらに、魅力ある場所へと育ててくれました。また、日本人スタッフも増え、狭く感じるようになってしまった英語村で明るい笑顔を見せてくれています。"E-cube Club"（イーキューブ・クラブ）ができ、ボランティアの学生達が、ネイティブスタッフを手伝い、ハロウィンやクリスマスの飾り付けなど、イベントの準備を手伝ってくれています。

　英語村村長として、「英語村は、本当は、基本的コンセプトは理事長の発案であり、この成功は、教員、職員、学生、そして、支えてくれた皆の総合力の結晶だ」と述べたいと思います。また、パイオニア・プロジェクトである英語村構想に理解を示してくれた近畿大学法人にも感謝の気持ちを述べたいと思います。

これからの英語村

　英語村は、オープニング当初から「キャンパス留学」「英語教育革命」等と歌われ、メディアの注目を集めました。3年の月日が流れ、当初予定していた規模よりもはるかに大きくなり、内容も充実して、ますます楽しいものへと進化してきました。

最初は本学の学生、教職員のみだった入村者も、要望に答えて一般公開が行われ、また、休村にする計画だった長期休暇時も、附属の幼稚園、小学校、中学校、高校の要望で特別クラスが開催され、かわいい子供の姿が見られるようになりました。提携高校のクラスも開催されており、先までスケジュールが一杯になるという嬉しい悲鳴もあげています。

　社会への還元として、大阪で開催された世界陸上や、オーストラリア領事館主催のオーストラリア祭でも、英語コミュニケーション力を生かして、学生がボランティア通訳として活躍してくれました。これらの社会への貢献を通して、学生自身も大きく成長しました。

　高校生のみならず、他大学の教職員、市町村の代表者、外国からの視察なども頻繁に行われ、実際に、英語村を立ち上げたという話も聞かれるようになりました。「近畿大学英語村」の「英語教育改革」が、日本の英語教育を変え、日本人が英語の苦手意識を少しでもなくして、世界の人達と国際語である英語を用いてコミュニケーションをする日が早く来ることを願っています。

　次のページからは、英語村を支えてくれた、そして、現在も支えてくれる、そして、将来も支えてくれるだろうと期待している「ブレイン」からの生の声が書かれています。

参考文献

Kuhl, K (2003) Foreign-language experience in infancy: Effects of short-term exposure and social interation on phonetic learning. *Proc. Natl. Acad. Sci*, 100, 15.

Ruch, W (2004) The fear of being laughed at: Gelotophobia. 4th International Summer School and Symposium on Humor and Laugher: Theory, Research and Applications.
(http://www.psychologie.uzh.ch/perspsy/texte/ISS04_ Gelotophobia.pdf)

Titze, M (1996) The Pinocchio complex: Overcoming the fear of laughter. *Humor and Health Journal*, 5, 1, 1–11.

「TOEFL ランキングに見る日本人の英語力」(http:europewatch.blog56.fc2.com/blog-entry-316.html)

2. The Staff at E³ [E-cube]

More than just their buildings and products, organizations are composed of people. And it goes without saying that it is the services and human interaction provided to customers and clients that determine much of the success of any organization.

The members of the E³ steering committee realized early that even more than the café and building itself, the most vital component of the facility would be its staff. These would be the people who greeted and interacted every day with visitors to the E³. We needed an energetic, competent, and versatile manager, and a group of dedicated, enthusiastic, and empathetic native English speakers to perform the various duties at E³.

E³ Manager

Our first concern was to find a Japanese manager, who was not only fluent in English, but who also ideally had experience in management, food concession, and staging activities and events. We described our needs, requirements, and conditions of employment in a job description, which was posted on the Internet.

We received a number of responses, and then invited several qualified applicants in for interviews. The interviews were conducted in both English and Japanese, covering a wide range of personal and educational concerns. After the interview, applicants were asked to write an essay entitled "Making the English Village Successful", so that we could evaluate their English written ability, and their vision of what E³ should provide.

One particular applicant, who was eventually chosen as the new manager,

2. 英語村スタッフ
The Staff at E³

　一般的に組織とは建物や製品だけでなく、人で成り立っています。そして言うまでもなく、組織の成功の鍵は、顧客や依頼者に提供されるサービスと人的交流です。

　英語村構想企画委員会は、カフェや建物以上に、この施設の最も重要な構成要素はスタッフであることを早い段階から認識していました。スタッフとは、E³を訪れる人たちに毎日挨拶や会話をする人たちのことです。我々は、エネルギーにあふれ、有能で多彩なマネージャーに加えて、E³の多様な任務を遂行する、献身的で熱心で友好的なネイティブスピーカーを必要としていました。

E³ マネージャー

　最初に考えたのは、英語が流暢であるだけでなく、理想的にはマネジメントや飲食店の営業許可、アクティビティーやイベントの演出の経験を持つ、日本人のマネージャーを見つけることでした。求人情報に要望や要件、雇用条件を掲載し、インターネット上にアップしました。

　多くの応募を頂き、有望な応募者を数人、面接しました。面接は英語と日本語の両方で行われ、個人的な事柄や教育面の事柄について幅広く話し合いました。面接後、応募者には「英語村を成功に導くために」という題で小論文を書くことが求められました。これにより、英語を書く能力と英語村が何を提供すべきかについての応募者の考え方を評価することができました。

　ひとりの応募者が、最終的には新しいマネージャーに選ばれたのです

fulfilled virtually all the requirements. In addition, she was a graduate of Kinki University, which gave her not only the added advantage of familiarity with the university and its students and staff, but also a sense of loyalty to the university itself. Over the past three years she has proven herself to be the ideal fit, and has gained the respect and loyalty of both the native English speaking and Japanese staff under her leadership. It is my belief that the E^3 could not have come as far as it has without the rigorous, yet fair, standards she has help set for the entire staff.

Native English Speaking Staff

Since the purpose of the E^3 was to engage students and university staff in 'authentic' conversation in English, we needed to find native English speaking instructors who were not only flexible, competent, and respectful of Japanese culture and people, but also individuals who would represent their own countries' cultures with dignity and honor.

Five years prior to the opening of E^3, Kinki University had established the English Communication Plaza (ECP). The ECP was staffed by teachers provided through GLOVA, an Osaka based English Conversation School. Since GLOVA had been conscientious in providing us with staff and handling personnel issues such as visas, scheduling, and salaries, we decided to continue our relationship with GLOVA. In addition, if and when it became necessary to hire new staff or terminate an instructor's contract, we could rely on GLOVA to handle such issues, thus saving our own staff time and energy.

Fortunately, we were able to keep many of the staff that had originally been stationed at the ECP. Two instructors, in particular, have since taken on many administrative duties at E^3, and greatly assist our present manager.

As the opening of the new E^3 drew near, we decided that it would greatly

が、彼女はほぼ全ての要件を満たし、しかも、近畿大学の卒業生でした。そのため、大学、学生、教職員を知っているという強みがあるだけでなく、大学への愛校心を持っていました。過去3年間にわたり、彼女は適任であることを自ら実証し、リーダーシップを発揮し、ネイティブスピーカーと日本人スタッフの両方からの敬意と忠誠心を得ました。彼女はスタッフ全員のために、厳格でありながら公平な基準を定めるのに貢献し、この基準なしにはE^3がここまで来ることはなかったと思います。

英語のネイティブスピーカーのスタッフ

　E^3の目的は学生と大学スタッフに「本物の」英会話をさせることですから、柔軟かつ有能で日本文化や日本人に敬意を表することができるというだけでなく、威厳と誇りをもって自国の文化を表現できる英語のネイティブスピーカーを見つける必要がありました。

　英語村開設の5年前、近畿大学はイングリッシュ・コミュニケーション・プラザ（ECP）を設立しています。ECPの教員は、大阪に本社がある英会話学校のグローヴァから派遣されていました。グローヴァは、スタッフを派遣し、ビザやスケジュール作成、給与などの人事案件を扱うことに誠実に取り組んでくれていたため、私たちはグローヴァとの関係を継続することを決定しました。さらに、新たなスタッフを雇用したり、インストラクターの契約を終了させなければならない場合には、グローヴァに問題の扱いを任すことができ、教職員の時間と労力を節約することができました。

　幸運にも、元々ECPに配置されていたスタッフの多くにそのまま残ってもらえることになりました。特に2人のインストラクターは、以来E^3の管理業務の多くを引き受けてくれており、現在のマネージャーをおおいに助けています。

　英語村の開設が近づいてくるにつれ、全般的な目的やスタッフの職務

benefit continuing and incoming staff to prepare a Manual outlining the overall purpose of the E^3, the staff's duties and responsibilities, and the rules, and regulations that we expected them to follow. Since the staff would be interacting regularly with students on more informal terms than the usual teacher-student relationship, we were particularly specific in regard to personal conduct, relations with students inside and outside E^3, and how the staff's actions might reflect on the University and its reputation. Some of the issues contained in the manual are discussed below.

Meeting Students Outside E³

One strict, but essential, restriction intended to prevent potential problems is prohibiting staff members from establishing personal relationships outside of Kinki University. We make it clear that the University is an educational institution which E^3 staff members represent at all times, and that professional behavior is required and expected at all times whether on campus or not. Though students and some staff members have questioned this particular restriction, we believe that it is essential for the staff to maintain this at-work and off-work distinction. In addition, we feel that it has actually helped the staff in dealing with students who may seek unwanted contact with staff members during the their non-working hours.

Personal Information

Since relationships other than those of a strictly teacher-student nature are prohibited, we do not allow staff members to give their own, or receive students', telephone numbers, mailing addresses or e-mail addresses. If a student asks for, or wants to give his/her mail address, staff members are instructed to inform the manager so that the manager can handle the situation. In this way, the staff member does not offend or embarrass the student by directly refusing to accept or give the student the information.

や責任、スタッフが従うべき規則や規定の概要を記したマニュアルを作成すれば、継続スタッフと新任スタッフのためになると確信するようになりました。スタッフは、通常の「先生と生徒」という関係よりもずっとくだけた関係で、定期的に学生と接することになるため、個人としての振る舞いやE³内外での学生との関係、さらにはスタッフの行動がいかに大学やその評判に影響を及ぼすかについて、特に明確に記載しました。このマニュアルに含まれるいくつかの事項を以下に説明します。

E³の外で学生に会うこと

　潜在的な問題の発生を防ぐことを意図してつくられた、厳しくも不可欠な制限事項がひとつあります。スタッフは近畿大学の学外で個人的な付き合いをしてはならないということです。大学は教育機関であり、E³のスタッフはいかなるときも大学を代表しているということ、キャンパス内であろうとなかろうと、つねにプロフェッショナルな行動が必要とされ、期待されているということを明確にしました。学生とスタッフの一部はこの制限に疑問を投げかけましたが、スタッフがこの勤務中と勤務外の区別を守ることは必須であると信じています。さらに、スタッフの勤務時間外に不要な接触を求める学生に対処する上で、実際には、スタッフを助けていると感じています。

個人情報

　厳密な意味での「先生と生徒」以上の付き合いは厳しく禁じているため、自分の電話番号や住所、メールアドレスを学生に渡したり、同様にこれらを学生からもらったりすることをスタッフには許可していません。学生がこれらを求めたり、自分のメールアドレスを渡そうとした場合には、マネージャーに伝えるようにスタッフは指示されており、マネージャーがこうした状況を扱うことができるようになっています。こうすることで、スタッフは学生に情報をもらったり与えたりすることを直

Specific Restrictions

In order to preserve the University's reputation we also insist that staff members refrain from use of alcohol in the presence of Kinki University students, and refrain from any type of illegal drug use, or other illegal activities.

Sensitive Issues

Before agreeing to employ any new staff members we specifically discuss sensitive issues that students might want to talk to the staff about. The staff members are often closer in age to the students themselves, and topics such as sex and drugs have come up often in the past. While such topics are interesting to students and teachers alike, we inform new staff that they need to be aware that providing students with such information regarding their personal lives and choices may adversely affect the image of the E^3, the University, and their own reputation. More importantly, it is possible that students can misinterpret discussions of sex and sexuality as sexual harassment, which must be avoided at all costs. Therefore, new staff members are advised to avoid discussing such topics in any other than a very general way.

接拒否しなくていいため、学生の感情を損ねたり、気まずい思いをさせたりすることがありません。

具体的な規制

　大学の評判を守るために明確にしているその他の制限事項としては、スタッフは近畿大学の学生のいる場ではアルコールの摂取をしないこと、いかなる種類の不法ドラッグやその他の不法行為をしないことを強く求めることなどがあります。

デリケートな問題

　新しいスタッフの雇用に当たっては、学生が話したがる可能性のあるデリケートな問題について、スタッフに理解してもらいます。スタッフは学生と年齢が近いことが多く、過去にはセックスやドラッグなどがしばしば話題にあがることが予想されました。学生にとっても教師にとってもこうした話題は興味があるのでしょうが、新しいスタッフには、「個人的な生活や嗜好に関する情報を学生に提供することは、E^3や大学のイメージ、スタッフ自身の評判に悪影響を及ぼす可能性があることを知っておく必要があること」を知らせます。さらに重要なことは、学生がセックスやセクシュアリティーに関する話をセクシャルハラスメントと誤解する可能性があることです。これは何としてでも避けなければなりません。

　従って、新しいスタッフには、こうした話題については、極めて一般論に近い立場で論じるよう、アドバイスがなされます。他にも多くの話題があります。本人もしくはE^3にマイナス影響を与える危険性のある個人情報流出についての注意も与えられます。

Dress Code

Though staff members are encouraged to wear causal clothing while at work, we felt that establishing a general dress code and grooming guidelines would be effective in helping the staff to make sensible clothing selections. No ties or jackets are necessary, but except for special activities, the staff is instructed not wear T-shirts, polo shirts, jeans, shorts, sandals, or sneakers.

All teachers must keep their perfume or cologne fragrances to a minimum. Accessories should be fairly conservative, any tattoos should be covered up, and body or facial piercings are allowed for the ears only.

Male teachers should wear plain collared shirts or sweaters worn over a shirt, chinos, corduroys, or slacks in conservative colors, and oxfords or loafers for footwear.

Female teachers should wear plain collared shirts, sweaters, cardigans, or blouses, and chinos, corduroys, or slacks in conservative colors, or dresses or skirts in conservative colors, and closed-toed shoes. No tank tops or shirts that show cleavage are allowed.

E³ Manual

The E³ Manual has been revised several times in accordance with specific issues that have arisen since the inception of E³, but the core philosophy and guidelines remain the same.

Now when positions for native English speaking staff become available, members of the steering committee interview the applicants provided by GLOVA. Issues regarding conduct, duties and the applicant's qualifications

ドレスコード

　仕事中はカジュアルな服装をすることをスタッフに勧めていますが、スタッフに常識ある服装を選んでもらうためには、大まかなドレスコードや身だしなみの指針を定めることが有効ではないかと考えています。ネクタイやジャケットは必要ではありませんが、特別なアクティビティーを除いて、Tシャツやポロシャツ、ジーンズ、短パン、サンダル、スニーカーは着用しないようにスタッフは指示されています。

　すべての教師は、香水やコロンの使用は最小限に留めなければなりません。アクセサリーはかなり控えめなものとし、タトゥーは見えないように隠し、ボディピアスやフェイシャルピアスが許されている場所は耳のみです。

　男性の教師の場合は、無地の襟付きシャツかシャツの上にセーターを着用し、控えめな色のチノパンかコーデュロイのパンツ、スラックスを着用し、靴はオックスフォード・シューズかローファーを履くことになっています。

　女性の教師の場合は、無地の襟付きシャツかセーター、カーディガン、ブラウスを着用し、控えめな色のチノパンかコーデュロイのパンツ、スラックスかワンピース、スカートを着用、つま先の開いていない靴を履くことになっています。タンクトップや胸の谷間の見えるシャツの着用は許されていません。

E^3 マニュアル

　英語村開村以降に発生した具体的な問題を踏まえて、E^3 マニュアルはこれまでに数回改訂されています。しかし、核となる姿勢と指針は変わりません。

　ネイティブスピーカーのポジションが空くと、村議会のメンバーがグローヴァからの応募者の面接をします。行動や職務、応募者の資質に関する点が徹底的に話し合われ、「就業規則合意書」に署名することが応

are discussed in depth, and applicants are asked to sign a "Work Rules Agreement Document" in which they agree to follow the rules and regulations in the Manual. We have found that by making these issues clear and specific, our native English speaking staff has become even more professional and committed to our goals. In addition, staff members are provided with a "Daily Routine Manual" that outlines their daily duties and responsibilities.

募者に求められます。こうすることにより、彼らはマニュアルに記された規則や規定を守ることに合意したことになります。こうした問題を明確かつ具体的にすることによって、英語ネイティブスピーカーのスタッフの態度がよりプロフェッショナルになり、目標に向かって専念するようになることが分かっています。さらに、スタッフには「日常業務マニュアル」が配布されますが、ここには日常の職務と責任の概要が記されています。

3. 建物と施設
The Building, Facilities and the Café

3.1 建築デザイン

何もない大きな箱

　企画が進んでゆく中、施設の在り方も考えようということで、建築設計が専門である私に声がかかり、少しあとからプロジェクトメンバーに加わりました。

　英語村の会議に出てみると、ダンスや料理教室、エアプレーンシアターなど、ユニークなアイデアがたくさん挙がっていました。ただ「村」という響きからか、様々な企画内容に応じて、いくつかの小教室が集まるような、いわゆる集落的な施設構成イメージができていたように感じましたが、そういう在り方では機能を限定してしまって、企画のダイナミズムが薄れるのではないかと思いました。そこで遅ればせながら、私なりに英語村を解釈した企画案を提案しました。

　骨子は、「多様な機能を、分別して配置するのではなく、マルチスペースとしてすべてを飲み込むような、1つの大空間に集約すること。かつその空間は、キャンパス内の他の施設群と明確に峻別できるような特徴的なものであること」というものでした。そしてそのような構想空間に、コンセプトを表すようなネーミングとして、E-BOX という呼び名をつけました。

　E は "entertainment、education、enjoyment、event" さらに良い（いい）という意味合いです。一方、BOX には、"container、cubic、volume、multi-purpose space、capacity" 等の概念を伴います。最初に提案したイメージスケッチはまさにシンプルな箱状の建物です。（図1）

図1

この企画案が会議全体で受け入れられ、英語村は「何もない大きな箱」として進められてゆくことになりました。

前代未聞の木造

　いわば、すべからく建築は生活を包む箱であり、大切なのは、コンテンツとして、建築の内で展開される人々の活動です。過剰な造形のために使い勝手が悪い建築はもってのほかです。かといって建築は単なる梱包材ではありません。「何もない大きな箱」は、英語村での活動にできるだけ融通性をもたらせる意図上の表現ですが、実際にただの空箱のような容れ物では退屈極まりないのです。英語村の建築は、高級チョコレートの素敵なパッケージのように、期待をもって芳潤な中身を想像させるに十分な、夢のある確固としたメッセージ性を持っていなければなりません。施設そのものが、本学の新しいメッセージとなるような器を目

指そうと考ました。

　そのような思いの上で着想したのが、木という材料でした。形状は単純な四角ですが、木造建築はキャンパス内の多くの建物の中で一際目を惹くでしょう。全てが木材で組まれた箱は強さもあり、同時に優しさもあります。この施設が遊びの感覚で英語に親しむ場として、無機質なコンクリートやクロスで仕上げられた一般教室とは異質な空間が創出できるに違いありません。

　木造といってもいろいろな方式がありますが、ここで用いたのは従来の構造形式とは全く違った架構システムです。通常は大空間の梁に使う集成材を、斜めにたすき掛けのように組んで、それ自体が壁でもあり、柱でもある、名付けて「菱垣構造」を発案しました（図2）。しかしこの発想は前代未聞ゆえ、はたして建築確認許可がおりるのかどうかは未知数でした。

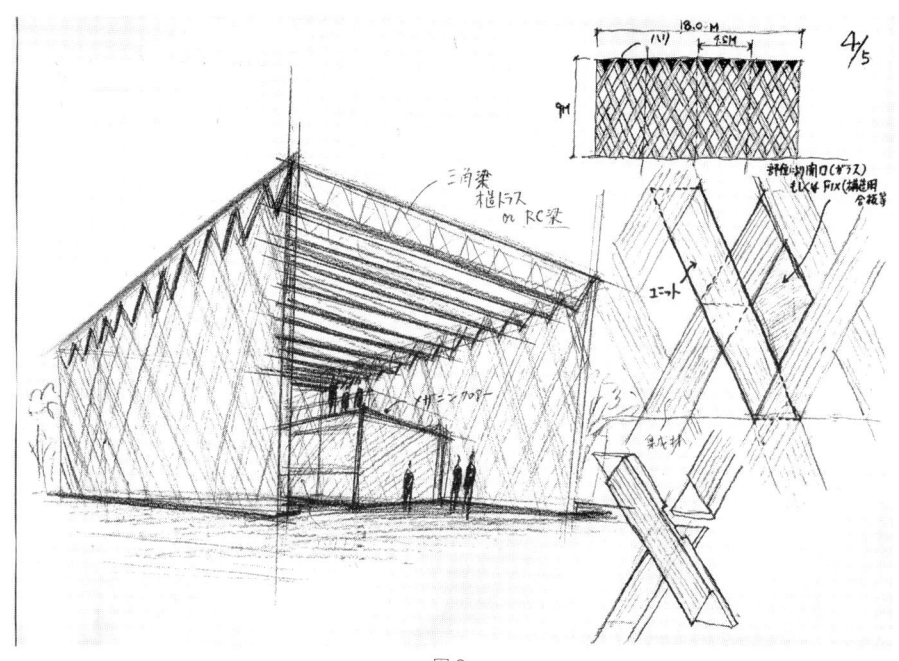

図2

その一方、当初、完成を2007年の生駒祭と予定していましたが、新機軸の企画を全国に先駆けて実現したい、という学校法人側の意向もあり、急きょ1年前倒しとなりました。設計案をまとめ、私のゼミ生を動員して実際の木を使った模型を完成させて、法人側にプレゼンテーションしたのが2006年の2月後半でした。

　その年の11月頭に竣工というスケジュールは、いかなる後戻りも停滞さえもできないタイトロープでした。自身の長い設計活動経験からしても、このプロジェクトは相当困難なものであり、その最難関が建築確認許可申請でした。

　この目新しい木造建築を、最速の手続きによって許可をおろし、着工に繋げたのは、何といっても、わが国でも指折りの先進的な木構造研究者であり構造設計者の稲山正弘氏の卓越したノウハウの賜物でした。また、役所との潤滑な連絡下準備など、萩原氏をはじめとした施設管理課の努力によります。加えて、実施設計を受け持った類設計室、施工担当の大林組など、施設建築のオールメンバーが、まさにプロフェッショナルとして持てる技術と知恵を駆使し、一丸となって推進できた結果、厳しい短工期を乗り越えることができたのです。外部からすればなんでもないように見えますが、今振り返ってみても、我ながら大胆な設計を提案し、よく実現できたものだと、つくづく思います。

　我々が申請許可を下ろした直後の6月に、姉歯某による耐震偽造問題の対策として、建築基準法の改正法案が成立しました。その結果、構造の評定基準が急激に厳しくなり、認定側行政も大混乱に陥りました。当初予定の2007年竣工で進んでいれば、あの建築デザインは大きな障壁に阻まれて、実現していなかったかも知れません。

　まさにいろいろなタイミングが重なって、難関を潜り抜けながら千載一遇のチャンスをつかんだという感じでした。

ダンスをめぐる攻防

　潤滑な工程を経たとはいえ、途中いくつかの軌道修正もありました。中でも記憶に残っているのが床材に関する論議です。私の構想では、英語村の空間は若者のダイナミックな活動拠点として、堅苦しく管理された他の校内施設とは対照的な、内と外が有機的につながっている開放的な雰囲気でした。その仕組みの一つが外部を覆う透明なガラスの皮膜です。外の光や景色がふんだんに透過します。そして、もう一つが床の考え方でした。外部の土間がそのまま内部に侵入することで、大きな扉を開け放てば、それこそ外部環境と施設が一体化します（飛行機の格納庫みたいに）。そういう意図において外の仕上げが中まで続いていることは重要なコンセプトだったのです。

　ところがあるときの会議で、北爪議長から、内部がコンクリートでは冷た過ぎるし、ダンスをする時に硬くて足を痛めるとの指摘がありました。最初私は意図を説明すれば、北爪先生も納得してくれると多少高をくくっていたところ、あにはからんや、ことにダンスには思いのほかこだわられて、一向に折れる気配はなく、こちらもかたくなに反論してタフな論争になりました。最後は当方が折れて、内部の床をフローリングとしましたが、今見てみると、そのことで開放感が薄れたとは感じませんし、木の床も経年変化で良い味が出てきて、北爪案は正解であったと感じています。やはり、女性からの視点にはもっと素直に耳を貸して、積極的に取り入れるべきであると、今さらながら男の生硬さを痛感するしだいです。

　あと、西日の問題もあって、ロールブラインドを追加することになりました。開放感という狙いとは裏腹に、それがいくつかのネックになったことは、建築の多義性を再確認すべく今後に生かさねばなりません。

　とはいえ、プロジェクトチームでは、私の設計思想を十分に尊重していただき、たとえば家具一つにしろ、こちらの提案したクオリティーの高いものを取り入れ、施設全体が統一感を持って、東大阪キャンパスの

建物と施設 55

中で一際ユニークな施設としての色彩を放っているのではないでしょうか。

バトンタッチ

　小さな紙切れに描いた素朴な最初のスケッチが、長い時間をかけて、紆余曲折を経ながら、力学と素材に姿を変えて、やがて圧倒的な量塊として建ち上がります。ようやくたどり着いた空間の完成形を始めて目の前にし、その刹那だけが建築家に与えられた唯一の特権であるかのように、引き渡し直前の、まだ誰もいないまっさらで静かな空間を、一人で確かめながら思いを巡らします。そうして竣工の日の晴れやかな達成感と安堵と喜びが、ほんのすぐ次の日には、一種形容しがたい虚脱感と空虚な気分に変様します。

　建物に明りが灯って稼働し始めたとき、建築家は舞台から去って、速やかに本当の主役である利用者にその作品を委ねるのです。

　しかし英語村は私自身が働く同じ大学内にあって、そばを通り過ぎる時、大勢の学生やスタッフの賑やかな声をいつでも聞くことができます。

　チーム一丸となって、暗中模索で積み上げた企画が、予想を上回る好評を博しました。空間と人がうまく相まって、そこに一つの生き生きとした風景を作りだしていることを心から嬉しく思っています。

3.2 バスケットボールコートの秘密

英語の遊び場？

　本プロジェクトの達成すべき目標は「英語が苦手な学生が楽しく学べる施設の完成と運用」。実はこの英語が苦手な学生が楽しく学べるというのには、当初、何か引っ掛かるものがありました。というのは、そもそも英語が苦手な学生が英語を話すために、それも卒業単位とは関係なしに集まって来るのだろうか、という疑問があったからです。教育のプロたちがどう考えても、このコンセプトにはムリがあるように思えました。それでも学内注目のプロジェクトなので失敗は許されない。莫大なコストも費やすことになるのでなおさらです。

　プロジェクト会議が開かれ、それぞれのメンバーがアイデアを持ち寄って具体的な検討が始まりました。いろいろな意見が行き交い、なかなかまとまらず、会議は回を重ね、長期化へと。何度も議論を交わした後に浮かんできたおおよその完成イメージは「『英語を楽しむ遊び場』を作る。会話、コミュニケーションの手段は英語だけ。遊び場だから、英語が苦手な学生も気軽にのぞきに来るかな……」というような、すこぶるぼんやりとしたものでした。

外国人力士の日本語力

　語学上達のヒントに、外国人力士の日本語力があります。いつまでたっても日本語が話せないプロ野球の助っ人外国人と違い、外国人力士はどうしてあれだけ流暢に日本語をしゃべるのか。宮崎里司著『外国人力士はなぜ日本語がうまいのか』に、その謎解きがありました。

　ほとんどの外国人力士は来日前の日本語学習経験がないにもかかわらず、テレビで見る試合後のインタビューやバラエティ番組などで力士が話している日本語を私たち日本人はほとんど何の違和感もなく聞いています。また、外国人からはよく難しいとされている敬語もそつなく使っ

ています。中でも、モンゴル出身の旭天鵬は、標準語と関西弁を使い分けるといいます。さらにユーモアのセンスもあり、日本語のジョークで周囲を笑わすのです。これはいったいどういうことでしょう。外国人力士を取り巻く環境が語学上達をよりいっそう加速させているようです。

　弟子の立場から出世していかなければならない外国人力士に、プロ野球の外国人助っ人選手のように通訳を付けることなど望みようもありません。外国人力士は多様な日本人たちとの関わり合いのなかで生活をします。親方、母親ともいうべきおかみさん、同部屋力士、部屋の外では協会や後援会の人々、タニマチ（ひいきにしてくれる客）、髷を結う床山。そして、ちゃんこ番（食事を作る当番）になれば、さらに近所の商店街の人々などともやり取りをするようになります。日常の中で彼らの日本語上達の面倒をみてくれる人々がたくさんいるという絶好の環境です。また、相撲は上下関係が特に厳しい世界。当然ながら、兄弟子にため口などで話すとこっぴどく叱られます。後援者であるタニマチとの付き合いも大切。こういった関わりでは、必然的に敬語もマスターしなければなりません。

　このように、二十四時間日本語漬け、寝ても覚めても日本語といった環境が見事に作り出されているわけです。しかも、それは生活のなかでの言語習得。まったく自然体で行われています。

建築工事着工

　外国人力士のようなこの理想的な言語習得環境を構築すべく、プロジェクトは動き出しました。私は建物建設などの施設面を担当することになりました。設置場所は、キャンパスの北西に位置する大学生協が移転した跡地に決定。昨今より、マスプロ教育から少人数授業への変遷に伴い慢性的な教室不足が問題になっており、それを解消するためこの場所に教室棟を新築して欲しいとの声が以前からありましたが、結果的に英語の遊び場づくりが押し切ったかたちになりました。ここは通学時の主

な動線である大学正門近くに位置するため学生の視野に入りやすく、立地条件として申し分ない場所です。

　建物のデザインは文芸学部の岡本清文先生が担当しました。斬新な発想でデザインされたカフェスタイルの建物は大空間を持ち、多目的な使用に対応できます。目的別に施設を作る計画もありました。例えば、飛行機の機内を模して、チケット購入からチェックイン、機内サービス、出入国審査なども行う。または床屋さんにして英語で散髪する。さらには映画館を作る等の構想もありました。これらはみな面白いアイデアですが、現実化するにはコストが掛かりすぎるのであえなく却下されました。

　工事の請負業者が決まり、何とか着工までこぎつけたものの、すでに5月末。竣工予定の10月末まで5ヶ月間の工期は、通常では考えられない短さです。にもかかわらず、周りの校舎では通常どおり授業を行っており、工事車両の通行が制限され作業効率は低下しています。しかも隣接には民家があるため、夜遅くまでの作業もできないという状況になりました。工事が始まると間もなく、近隣の住民さんから苦情の声があがりました。

　住民さん「工事をやっているようやけど挨拶がないな」と威圧感にみちた言葉。そこで図面を開き、建物の概要の説明を行いました。木造ということに興味を持たれたようで「この中でなにをするんや」と聞かれました。

　「えー、この中でダンスをやったり音楽ライブをやったり、あと料理教室を開いたり……外にはバスケットボールコートもあります。あっ、この施設の中では英語しか使ったらダメなんです」と、苦し紛れに答えたところで、やはりうまく伝わらないようでした。なにしろ、大学側としても初めての試みの建物で、現段階では経過や結果が予想しづらいので、建物の使用方法を伝えても理解されない。まして「英語村を作る」などというと、説明がもっとややこしくなりそうでした。

ひたすらお詫びをし、世間話をひとしきりお聞きしたところで住民さんも落ち着いた様子になったのでおいとまするこどになりました。退席する際、同席していた後輩が長時間の正座によって足をしびれさせ、うまく立ち上がれず畳の上に転げてしまいました。何かと修行が必要です。

　この一件もあり、周辺への影響には最大限の配慮をしました。たとえば、空調室外機の騒音が聞こえないよう周りをコンクリート塀で囲ったり、室内のスピーカーはキャンパスの中心に向けて音が周りに広がらないようにしたり、民家側のガラスは通常より分厚いものにして音の漏れを防いだり……などなど、できる限りの策を講じたわけです。

　このようなタイトスケジュールではありましたが工事は無事に終わり、予定どおり2006年10月末に竣工、翌月の学園祭の日に運用開始となりました。

　外国人力士のように二十四時間日本語漬けではないにしても、授業の合間などに英語村に来ればいつでもネイティブスピーカーが英語オンリーの場を提供してくれる。また、英語に親しむさまざまなイベントが開催され、いつも楽しそうな雰囲気になりました。このように、学生がたくさん集まる「英語の遊び場」は、リラックスして極めて自然体で言語習得できる理想的な環境となっていきました。

屋外施設計画

　建物内だけでなく、屋外でも英語を楽しんで学べる施設を作ろうと計画しました。これはもうスポーツ施設しかないと、ここではプロジェクトメンバーの意見が一致しました。ただ、本プロジェクトに与えられた敷地から建物の建築敷地を引くと屋外施設を作るスペースは僅かとなっています。フットサルピッチなどはまったくサイズが合いません。

　そこで、私はバスケットボールコートを提案しました。というのも、私は高校時代バスケットボールの経験があり、播州地方（非常にローカ

ル）ではそれなりに名の通った選手であり、現在も職場の仲間と週一回の練習を行っています。きわめて単純に、自分のプレイでプチ自慢もできると思ったわけです。表向きは違った設置理由でしたが、かくしてバスケットボールコートの提案はすんなり受け入れられました。3ポイントラインがやっと入る小さいコートではありましたが、建物の西側へ設置しました。コートは公道に面しているのでボールが出ないようフェンスを高くしました。それでも実際はボールがまさにアウト・オブ・バウンズして隣住民の駐車場の車に当たってしまったので、さらに高さの継ぎ足しをするはめになりました。ストリートバスケの雰囲気を出すため、ボードは扇形、予定していた表層のウレタン塗装は取り止めアスファルト舗装に。建物との距離が近いため危険防止の緩衝帯を設け低木を植えましたが、ほどなくコートに集まる学生に踏み荒らされる始末。現在は2回目の植え替えで、なんとか持ちこたえています。

　ここでも使用できるのは英語のみ。"pass"、"shoot"、"defense"という簡単な英単語だけでコミュニケーションをとりながら十分バスケを楽しむことができます。

　さらにこのエリアの雰囲気づくりを考えていて、ふと、次のようなひらめきが……「古ぼけた町並み、ストリートでは3 on 3のバスケットコート。プレイする男たちはパーカーにだぼだぼのデニムジーンズ。壁には色鮮やかなグラフィティアート。隣はちょっと怪しげなクラブ風の建物。レコードを擦りまくっているDJがいたり、軽妙にブレイクダンスをしているラッパーがいたり」というもの。以前、エミネム主演の映画『8 mile』を見ていた私はプロジェクトが立ち上がった当初、この映画の生き生きとした若者たちの姿を思い出し、それをそっくり切り取った風景を学内につくろうと考えていました。名付けて「Hip-Hop村」構想です。

　学生にも人気の高いこのヒップホップ。もとはアメリカのストリートギャング文化とも関係があるといわれ、ギャング同士の抗争を無血に終

わらせるために、銃や暴力の代わりとしてブレイクダンスやラップの優劣を争ったとか。また、ギャングたちの縄張りの知らしめや情報交換を目的にグラフィティが用いられていたともいわれています。

　ただ、キャンパス内の施設を整備、管理する立場である私としては、気になることがいくつかありました。まず、大学なのでその施設の由来がギャングというのはどうかと思いました。お酒はNGなのでクラブらしさは出せない。近年やっとトイレの落書きがなくなったばかりなのに、またあちこちの校舎にスプレーでグラフィティアート……これは避けたいと思いました。若いエネルギーが溢れる雰囲気は好ましい、とはいうものの、バスケットボールコートの周りは風紀が乱れそう。やはりキャンパス内ではムリがある、ということになりました。

　バスケットボールコートにまつわるこの「Hip-Hop村」構想。実現して多くの学生の英語上達にうまく繋がればユニークな注目エリアになるとは思うが……このままそっと封印しておこう。

参考文献

宮崎里司『外国人力士はなぜ日本語がうまいのか』明治書院、2006年。

3.3 カフェ

理想のカフェ

　2006年2月に建物のデザインが決定し、英語村にカフェを入れることになりました。可能であれば日本の業者ではなく、英語圏で元々事業を展開しており、全世界に広がっていて、国際的なブランドイメージを持ったお店に入ってもらえたらよいでしょう、という結論になりました。若い世代に人気が高く、もちろん味もよく、メニューも豊富で、その店が本学に出店していること自体が本学にとっても宣伝になるような知名度の高いところが入ればよいと考え、最終的に一つの業者に絞り交渉することにしました。

　交渉が進みだしたのは2006年3月になってからでした。先方に強調したのは、英語村は日本語禁止なので、スタッフは全員英語を話せること、接客は全て英語で行なうこと、メニューを始め表示は全て英語表記をすること、でした。何度かやりとりをした後、アジア展開しているフランチャイズはどうでしょうかとの提案を受けました。

　その名前は初耳でした。それもそのはずで、そこはアジア各国で展開しているフランチャイズ・コーヒー店なのですが、日本にはまだ出店していなかったのです。その当時で、マレーシア、香港、シンガポールなどに二十数店舗展開しており、特徴はフードが充実していることで、日本のフランチャイズ同様のコーヒーを提供する以外に、サンドイッチ、サラダ、パスタなどがそろっている、ということでした。またアジアで展開しているため、アジアから英語しか話せないスタッフをそろえることができそうだ、という話でした。英語しか話せないスタッフというのは大変重要なポイントでしたし、日本第一号店ということも非常に大きな魅力でしたので、こちらの出店を進めていく方向になっていきました。

　しかし、日本第一号店を本学に出店するには、あまりにも時間があり

ませんでした。6月に新フランチャイズの打診がありましたが、11月に英語村は開村するのでした。日本初の店がオープンするには準備期間が短すぎました。また設備面でも無理なことが次第にわかってきました。英語村内に設置できる厨房の面積があまりにも狭かったのです。オープンは不可能と判断され、この話は消え、新たに一般の飲食業者を探すことになりました。

振り出しに戻る

フランチャイズ出店が中止になったので、もう一度業者の選定を会議で考えることになりました。スタッフやメニューに関する要望に対応でき、2006年11月の英語村オープンに間に合わすことができる業者が必要でした。既に本学で食堂を経営している業者に入ってもらえれば、本学での年間の動向もわかっているので経営面で心配がなく、断られる可能性が低い、と思われました。しかし、そうなると問題は、メンバーが考えたオリジナルメニューを忠実に作ってもらえるのかということと、英語のことでした。

フランチャイズ店舗の場合は、メニューはそのフランチャイズが決めているので、考える余地はあまりありませんでした。しかし、カフェを英語村に入れると決定し、英語村は日本ではない空間にするというコンセプトがある以上、食べ物も日本風ではいけません。風変わりなものではなく、海外でごく普通に食べられているものを出すことが目標ですが、メンバーが考えたメニューを、素材そのものはもちろん、パンの切り方、具材の挟み方なども、私たちの考えをメニューに反映させ、こちらの意図を十分くんでしっかり実行してもらうことが非常に大切でした。

英語については、スタッフは、英語が流暢でなくても意欲のある人を選び、こちらで接客用語彙や文章のリストを作って英語を教育することができるので不都合はないとし、メニューや看板などの英語表記につい

てもプロジェクトメンバーのネイティブが監修すれば、間違った英語になることもありませんから、問題はクリアできると考えました。

そして厨房の面積の制約も考え、本館地下食堂KUREを経営している業者にお願いすることになりました。この地下食堂には立派な厨房があり、様々な食事を作ることができます。英語村の狭い厨房では作れない食べ物も、距離が近い地下食堂で作ってこちらに運ぶことができます。本学での経営経験も豊富なので、英語村でこれからイベントを行なっていく際にも、色々話合いながら難しい要望に応えてもらえることになりました。

本物へのこだわり

さて、無事業者も決定したのですが、この段階で、英語村スタートまでわずかな時間しか残されていませんでしたが、その業者の本学担当の営業の方、コックさん、栄養士さんを交えて何回も何回も話し合いを行ないました。まず、英語村のコンセプトを説明し、アメリカ出身でネイティブスピーカーであるキツマン先生が練った私たちのオリジナルメニューを提示しました。当初のメニューでは、定番のバーガーやフライドチキンはもちろん、タコス、ナチョス、マッシュポテトや、スープも常時3種類提供、サンドイッチはもちろん手作りでパンの種類をその場で選択できる、その上野菜スティックや果物を置くことまでメニューに取り入れていました。さらに、中に挟む具から色々細かく説明し、試食会も行いました。

先方はあまりイメージがわかないようで、どことなく日本風のものを試食として出してくることがよくあったので、そのつど何が違うのか、どうすべきかを明確に伝える必要がありました。バイリンガルで調理のプロでもある英語村マネージャー岩下さんが既に着任していたので、彼女がパンの切り方やブリトーの巻き方を実演してみせ、牛肉100％のパテが意味するところや日本で海外のものと思われているが実際には海外

にないものは何かを教え、日本にしかないものは排除するよう要請し、具材の組み合わせやその味覚における効果について指導し、こちらが求める品物がどこで手に入るのか具体的な店の名前と場所を教えたりしました。

　この時は、食堂経営者ではない私たちの方が逆に先方からコンサルタント料を受け取りたい気持ちになりました。フードも文化の一部ですから、ここが日本風になってしまっては大変困るので、私たちも必死でした。

　それからオーダーの方法も要注意でした。日本では学校や会社の食堂で券売機方式が普及しています。このチケット購入式は、海外に存在しないわけではありませんが、極めて日本的なのです。これなら食堂側はレジの必要がなく、直接お金をやり取りしなくてよいので楽ですし、注文する側もチケットを渡すだけでほとんど何も話さなくてすみます。ですが、「しゃべらない」こと、「日本式」なこと、は英語村のコンセプトにはまったく合わないので採用しませんでした。今英語村に入りオーダーしようとすれば、笑顔のネイティブスタッフがカウンターのそばで待っています。身振り手振りではなく、声に出して自分の食べたい物を英語で相手に伝える、それは小さなことですが、まず英語に慣れる第一歩なのです。

現在のメニュー

　現在、メニューは本学ホームページの英語村のところで常時見ることができます。また英語村のカフェカウンターには3枚のメニューボードが掲げられていて、1枚はレギュラーメニュー用、残り2枚は黒板でその日や週のスペシャルメニューを手書きできるようになっています。各種ドリンクの他、バーガー、ピザ、ホットドッグ、ブリトー、サンドイッチと、サイドメニューにはフライドポテトとサラダが揃っています。

　バーガー、ピザ、ホットドックはどこにでもありますが、春巻みたい

とよく言われるブリトーは、よそではそれほど見かけないのではないでしょうか。レギュラーメニューに入っていますので、いつでも食べられます。知らない方は一度試してみてください。特にハーフサイズは切り口が斜めでとてもお洒落です。

　バーガーは牛肉100％のパテを使用しています。ピザは残念ながら、ペパロニ1種類しかありませんが、シンプルな定番ピザで本来の美味しさを代表させています。ホットドッグはパンが少し小さく見えるかもしれません。それはパンが主役ではないからです。ホットドッグは太いソーセージがパンの両端から大きくはみ出している、これが正しい姿なのです。でき立てに好きなだけケチャップやマスタードをかけて食べましょう。味が一層引き立ちます。

　レギュラーメニューの最大の特徴は、選べること、です。日本でよくあるセットメニューといえば、中の組み合わせは全て決まっていて選ぶ必要がありません。海外ではセットメニューの中でさえ、自分で組み合わせを考え、どれにするか選ばないといけません。ドレッシングの種類も、指定しなければなりません。「何でもいい、どれでもいい」は禁句なのです。セットメニュー下さいと言って、待っていても出てきません。セットメニューを選び、その中で、メイン、サイドディッシュ、ドリンク、スープ、サラダなど、好きな物、食べたい物を考えて選び、伝えて、初めて食べることができるのです。

　英語村のメニューには季節によって、様々な食べ物が登場します。時にはフェアーが行なわれ、その期間には、普段なかなか食べる機会のないものが特別に出されます。今年2009年6～7月のアジアン・フェアーでは、タイ、ベトナム、インド、マレーシアなどから、それぞれお国を代表する食べ物が披露されました。もちろん、日本風にアレンジされていません。事前に試食会を開いて味を確かめてからフェアーは開催されました。10月はクッキーが販売され、毎日2時には売切れてしまうパンプキン・パイも食べられます。またハロウィンに合わせて、

"Halloween Dessert Week"があり、チョコレートケーキやチョコレートバナナブレッドなどが楽しめます。11月になると温かいスープやラザニアにお目にかかることができますし、ケーキ・バイキングも開催されます。12月の注目は、クリスマスパーティーに参加した人だけが食べられる、エッグ・ノッグ、フルーツ・ポンチ、ターキーの丸焼き、クリスマス・プディングです。何でもないと思うこのラインアップですが、どれをとっても実に美味で忘れられません。味も見た目もクリスマス時に海外で食べられているそのままを再現しています。

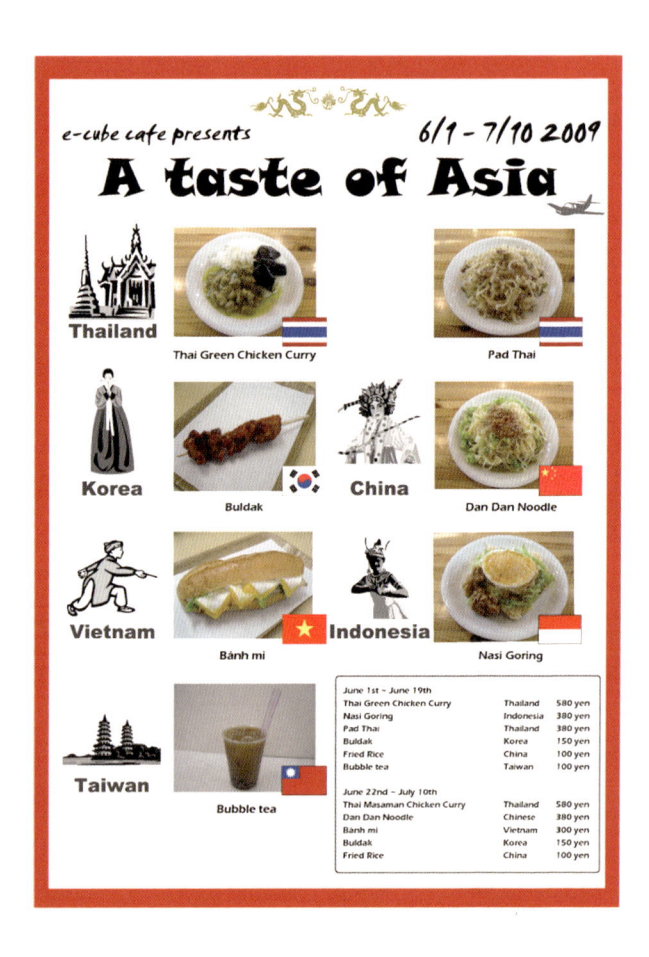

価格は学生向けに低めに設定しています。本学東大阪キャンパスには他にも食事を提供している施設がありますので、おいしくても、価格が高ければなかなか食べてもらえません。セットを選んでもワンコイン程度で、気軽に本物の味を楽しめるようにしています。ドリンクもレギュラーサイズは100円ですから高くはないと思います。

　レギュラーメニューが定着し、味が日本化しないように、良い味が保たれるように、いつも英語村のメニューに気を配ることが、英語村プロジェクトメンバーの務めだと考えています。

4. メディア報道と広報
The Media and the Press

4.1 メディアは何を伝えたか

　E³[e-cube] が産声をあげたのは 2006 年 10 月 30 日のことでした。英語村構想の近未来プロジェクトメンバーに私も選ばれ、約 1 年間準備に加わり、当日はオープニングセレモニーの準備に追われていました。

　その後、プロジェクトメンバーのほとんどが「英語村村議会議員」に就き、月 1 回の「村議会」で、運営方針やイベントの開催、トラブルの対処、カフェのメニューに至るまで話し合われてきました。私もその一席をいただき、広報担当の「村議」として微力を注いできました。

　現場では、岩下恵子マネージャーの指揮のもと、職員、ネイティブスタッフが懸命に日々の英語村を切り盛りしています。「遊びながら英語を楽しく学ぶ」が英語村の信条ですが、楽しさを作るためには、真剣な議論や準備がその裏側に隠されています。

　ネイティブスタッフ個々の趣味や特技を生かした英語村の看板「日替わりアクティビティー」はスタッフのアイデアや思いが随所に見受けられます。そのような切磋琢磨が英語村のユニークさ、利用者の満足を生み出し、マスコミの注目を集めてきました。

　近畿大学英語村が初めて世に紹介されたのは、2006 年 8 月 25 日付の日本経済新聞（朝刊）でした。大学が独自の英語教育施設を構想しているとの報道でした。その後は関西ウォーカー（角川書店）で紹介され、オープン後、ABC 朝日放送「ニュースゆう」、NHK 大阪「もっともっと関西」で生中継されるなど、テレビでの露出も増えました。

　4 億円をかけた授業以外で使われる独立した英語オンリーの空間、遊

び中心のユニークさが注目を浴びた要因だと考えます。

ビリー隊長 in 近畿大学英語村

　2009年4月には、エクササイズDVDの『ビリーズブートキャンプ』で一世を風靡したビリー隊長が来村しました。「ビリーズブートキャンプ in 近畿大学英語村」が実現し、学生200人が隊長とともに汗だくになりました。ギャラリーも数百人に膨れ上がり、異様な盛り上がりを見せました。

　サプライズだったのは、ビリー隊長が大阪出身の知子さんと再婚し、一女をもうけ日本で暮らしていることが、このイベントでわかったことでした。

　「ビリー隊長近大英語村に登場」の見出しを想定していた私でしたが、翌日のスポーツ新聞には「ビリー隊長日本人と再婚」の大きな見出しが躍り、「近大イベントで明らかに」と、片隅に報道されていました。しかし、この記事を見たテレビ各局から問い合わせが殺到し、本学英語村でのイベントが全国放送の情報番組で一斉に放映されました。

　ビリー隊長来村は、本学講師のウィリアム・メルヴィルーレイ氏の尽力で実現したもので、氏とともに後日開かれたビリー夫妻の華燭の宴に招待されました。

あの人としゃべりたい

　英語落語のダイアン吉日さん、NHK英語でしゃべらナイトでお馴染みのパックンマックンさん、本学野球部からプロ野球、そして米大リーグに挑戦、後に日本人初の米プロ野球監督に就任したハイディ古賀さん（古賀英彦氏）、ショーン・レノンさんなど、英語村のイベントには多くの著名人が訪れています。もちろんそこでも英語が話されます。

　ゲストの生きざま、貴重な情報、ゲストに質問をぶつけるのも英語が必要。英語ありきではなく、迫られた状況で英語が必要になってきま

す。本当に必要だから、必死でコミュニケーションを取ろうと耳をそばだてる。質問したいことが出てくる。そのうち、英語って勉強じゃなかったんだと、学生達は気づきます。「コミュニケーションの道具なんだ」と。

長女誕生

　今では英語村は本学本部キャンパスの名所となっています。

　大半の学生が利用する最寄り駅の近鉄大阪線長瀬駅から大学通りを進み、大学の玄関・赤煉瓦の西門をくぐると、チョウザメのいる池の向こうの全面ガラス貼り、柱が一本もない３階分吹き抜けの開放的な木造建築が英語村のメインビルディングです。

　このユニークな建物は、別章で詳しく紹介されていますが、文芸学部准教授の岡本清文氏がデザインしたもの。構造物としてもユニークで、建築の専門誌『新建築』や『建築知識』でも紹介されています。

　とにかく今は、オープンキャンパスで訪れる高校生や保護者のみなさんはもちろん、本学を訪れるあらゆる方たちが英語村を見て帰られています。春休みや夏季休暇、イベント開催日は、一般のみなさんにも開放し、英語村体験を楽しんでもらっています。近畿各地から毎回楽しみに来られる方々、また全国、海外からも視察に訪れる大学関係者、自治体や財団からの来客も後を絶ちません。

　英語村を見学された方が、家庭や地元に帰って、その楽しさを伝えてくださることで、「近畿大学英語村」の評判はますます上がることになり、これが一番のＰＲになっていると感じます。

　また、英語村は本学に求人を寄せていただいている企業の方々や本学の教職員、2009年のインフルエンザの流行で海外研修に行けなかった在学生、附属学校や提携の高等学校向けに、時には特別なプログラムを提供してきました。企業の方々向けに実施したプログラムは、読売新聞の長期連載「教育ルネッサンス」に掲載されました。学生向けの施設か

ら一歩飛躍した取り組みに、今までとは違う角度から光があてられました。

利用者が30万人となり、年間10万人が訪れる大学施設としてさらに注目を集めるためには、その効果を検証し、もっともっと内容を吟味し、切磋琢磨を続けていけば、真の英語コミュニケーションを身につけられる施設としてさらに発展してくものと信じています。

私事になりますが、英語村のオープニングセレモニーの最中に長女が産声をあげました。私にとっては、英語村の成長＝愛娘の成長となっており、いくつになっても目が離せない存在です。

4.2 カメラのレンズを通して見た英語村

ビリーズブートキャンプ

ダイアン吉日

ショーン・レノン

メディア報道と広報　75

ショーン・レノン

5. 英語村の活動内容
Events and Activities

5.1 アクティビティーとイベント企画

　この章では、特にアクティビティー、イベントの企画から実行までについてお話したいと思います。企画や実行の話をする前に、「アクティビティー」とは、「イベント」とは何かを説明しておく必要があると思います。「アクティビティー」とは英語村が現在、1日3回行っている文化教室のことで、原則として英語を教えることはなく、英語を使って学生がいろいろなことを学ぶ場、「イベント」とは、英語村に来たことのない学生が来たくなるようにする起爆剤だと考えています。現在のスタイル（2009年10月）になるまでの3年間、かなりの紆余曲折がありました。その経緯をお話しできたらと思います。

アクティビティーを毎日、イベントも月に1回!?（2006年度）
　毎日アクティビティーを行うことは、英語村がオープンする前に村議会ですでに決められていたことでした。「毎日違うアクティビティーをどのように考えついたらよいのだろう？」と初めて聞いた時に思ったことを覚えています。

　その後、ネイティブスタッフの面接をし、趣味を聞き、それを教えることができるのかが採用の決め手になりました。実際に面接でアクティビティーのデモンストレーションをしてくれたスタッフもいれば、特に趣味はないが考えますといった答えもありました。

　オープン当時のスタッフは全員で8人。各スタッフとスタッフのシフトを照らし合わせながら、念入りにアクティビティーの内容を決めていきました。

2006/11/06　Juggling（ジャグリング）
2006/11/07　Food Around the World（世界の料理）
2006/11/08　Wallet Making（財布作り）
2006/11/09　Basketball（バスケットボール）
2006/11/10　Egg Tart（エッグタルト）
2006/11/13　Baseball（野球について）
2006/11/14　Canada（カナダ）
2006/11/15　Yoga（ヨガ）
2006/11/16　Thanks Giving Dinner（感謝祭のディナーについて）
2006/11/17　Vietnamese Spring Roll（生春巻き）
2006/11/20　Capoera（カポエラ）
2006/11/21　Drawing（スケッチ）
2006/11/22　Thanksgiving Quiz（感謝祭クイズ）
2006/11/24　Thanksgiving Trivia Quiz（感謝祭トリビアクイズ）
2006/11/27　Writing（作文）
2006/11/28　Baking Australian Bread（オーストラリアパン作り）
2006/11/29　Maori Game (New Zealand)（マオリ族の遊び）
2006/11/30　London-ben（ロンドン弁）

　黒板に予定を書き、配布用のプリントを作り、打ち合わせをし、買い物をしました。ホームページにも掲載してもらい、できることはしたつもりでした。しかしながら現実は厳しいものでした。参加してくれる学生は少なく、せっかく作ったプリントも余ってしまいました。1日1回のアクティビティーは、残念な結果に終わるものも少なくありませんでした。
　スタッフや私の中にはネガティブな考えも浮かびました。
　「単位が取れるわけもないアクティビティーに参加するだろうか？」
　「昼ごはんに忙しくて参加してくれるわけがない」

「毎日じゃいつでもできるからと思って参加してくれないに決まっている」

このころの英語村は、1日の利用者数目標であった100人はクリアでき、1日200人以上の学生が来てくれ、アクティビティー以外はおおよそ合格点をいただいていました。ただ、私もスタッフも手間もお金もかかるアクティビティーが思うようにいかないことにイライラしました。しかしイライラしても始まらないと、アートが得意なイギリス人スタッフに絵でアクティビティーの内容が分かるカレンダーを描いてもらいました。英語で何を書いても、学生の目には情報として飛び込んでこないと思ったからです。その手書きカレンダーをコピーして学内でネイティブが配布しました。自分のアクティビティーの1週間前からチャットをしている時に、必ず宣伝して、自分のファンをつかんでもらうようにネイティブにお願いしました。参加者も少しは増えたものの、付き合いで参加している学生や、英語が大好きな学生だけの参加になり、ネイティブのシフトに合わせて時間もばらばらのアクティビティーは、私たちの思うようにはいきませんでした。

新入生と変化（2007年度）

初めての新入生の季節を迎えるにあたって、いろいろと考えました。まず、入学式で英語村を知ってもらうこと、1回生全員にパスポートを取得してもらうシステムを作ること、そしてアクティビティーにもっと多く参加してもらうこと。結果、アクティビティーの時間を昼休み後半と3時（4限目）の2回に固定することにしました。学生に時間が定着すれば、参加数が増えると考えたからです。

1回生が入ってきたことで、1日平均280人前後だった利用者が4月には平均700人を超え、アクティビティーの利用も増えました。アロマセラピーなどの女の子達に人気のアクティビティーは、特に多くの参加

者が集まりました。しかし、DJイベントやオープンマイクなどのイベントの方は大成功とはいかず、「英語村主催のイベント」であり学生が積極的に参加してくれている感はありませんでした。

そして6月。学生団体である7学部合同自治会が英語村を舞台に、MUCHA（ミュージックチャリティーフェスタ）をしたいと言ってきてくれました。学生の学生による学生のためのイベントです。仕掛ける学生も毎日のように英語で打ち合わせをしに来てくれ、参加学生にも英語で参加するように言ってくれました。おかげでその3日間は3000人以上の学生が英語村に来ました。7月、英語村でもパックンマックンさんを呼び、9月にはダイアン吉日さんの落語と、有名ゲストを招き大成功しました。この頃から、アクティビティーの自主的な参加も見られるようになりました。

年度の後半には、ハロウィン、ホットドッグコンテスト、クリスマスディナーとイベントは成功しました。この頃には、ネイティブスタッフもアクティビティーに慣れ、プリントを渡す手法から、テレビとコンピューターをつなぎ、パワーポイントを使ってあたかもテレビ番組かと思うようなクオリティーになってきていました。ただ、参加に関しては少しずつ増えるのみで劇的な変化はまだでした。

12月には、学生にアクティビティーに誘う度に、"I'm eating!"と言われ続けた昼休みのアクティビティーをやめ、思い切って開催時間を、現在と同じの3限目、4限目、5限目の10分後にスタートすることにしました。2007年度は、イベントは成功、アクティビティーは可もなく不可もなくという結果になりました。

宣伝強化！

1月～3月はテストだったり、一般公開だったりと、利用者の人数が減り、私やスタッフの心にも余裕が出てきます。次の4月に備えるとても重要な時期です。

2007年の後半は、宣伝のシステムが出来てきた時期でした。学内の屋外広告として、アクティビティースケジュールやイベント情報のポスターを各部署の協力を得て、120枚、毎月掲示してもらえるようになりました。また直接広告媒体も、スケジュールの白黒A4コピーからカラーのポストカードとなり、女の子の間でコレクションしてもらえるようにまでなりました。

　2008年度に、2007年度以上の成功をおさめるためには、さらなる宣伝をする必要があると考えました。そこで、学生にいろいろ聞いてまわりました。まずは、ホームページは見てくれているのか？　答えは、"No, I don't have a computer at home."。家にコンピューターのない学生が多いことに遅ればせながら気づきました。そこで、モバイルイーキューブを開設しました。毎日のアクティビティーが何か、日本語で分かるようにした携帯サイトです。QRコードを作り、アクティビティースケ

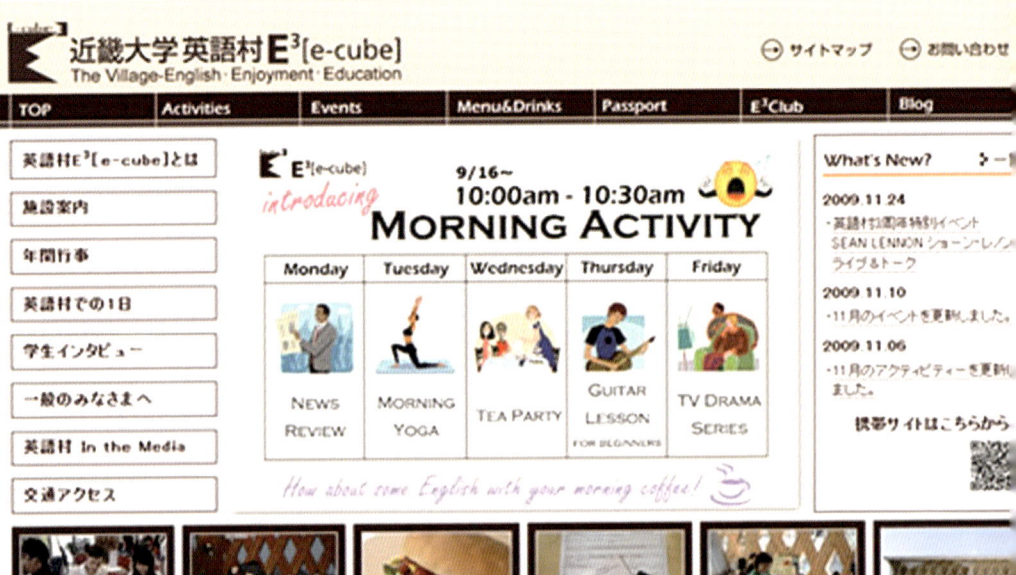

ジュールに貼り付けることにしました。もちろん、ホームページ自体も強化する必要があったので、思いきってリニューアルしました。英語村の活動を学生にわかってもらいたい、来たら絶対楽しめるからという思いを詰め込みました。4月に配れるように、パラパラ漫画やジョークを織り交ぜた、「英語村のこと」という冊子も作りました。2008年度には、学内でも学内用CMが流せるシステム、「キンテレ」ができ、毎日、違う英語村のアクティビティー、イベント情報CMも流してもらいました。

学内宣伝とは、滑稽だと思う方もいらっしゃるかも知れませんが、施設に行って何ができるのかを学生に理解してもらえなければ、いくらためになるからといっても誰も利用してはくれないと思い、宣伝として当時、考えつくことはすべてかたちにしました。

テーマを持って！（2008年度）

イベントは1000人を下らなくなった、毎日の利用者数も英語村のキャパシティー、ぎりぎりまできてくれる、だったらアクティビティーも大成功したい！

ない頭を絞った結果、イベントとアクティビティーを連携させる方法を思いつきました。各月、テーマに沿ったイベントとアクティビティーをすれば、学生にも、今月はどんなことをしているのか、分かりやすいのではないかと。

やっとアクティビティーが回りだしました。毎日、違うアクティビティーに興味のある学生が来てくれるようになりました。イベントをしても、やる気のある学生が集まってきてくれるようになりました。やっと英語村が学生生活に浸透してきたこととアクティビティーの充実が一緒にやってきてうれしかったことを覚えています。うれしい悲鳴を上げたのは11月のFood Monthでした。一口の試食のために、30分の英語を聞いたり、実際に手伝ったり、いつの間にか、スタッフと仲良くなって

	テーマ	イベント
4月	過去人気のあったアクティビティー	バスケットボールトーナメント
5月	アート	アートマーケット
6月	音楽	DJクラブナイト
7月	スポーツと国々（オリンピック）	スポーツデー
9月	旅行	―
10月	ハロウィン	パフォーマンスコンテスト DJクラブナイト 仮装コンテスト
11月	食と料理	スイーツコンテスト ホットドッグコンテスト
12月	クリスマス	クリスマスアートマーケット UNICEF クリスマスディナー
1月	世界のニューイヤー	―

（8月、2月、3月は一般公開のためのアクティビティーを開催）

いたり。シシカバブはにおいにつられて沢山の男子学生が入ってきました。まさに、英語に興味のなさそうな学生が一切れの肉を食べるために英語を話していました。

　初めて、アクティビティーが軌道に乗った年でした。しかし、もっとアクティビティーは面白くなるはず！　と確信し、パスポートのVISAのページにアクティビティースタンプを押すことを英語担当の先生方に説明することにしました。先生にも面白さを分かっていただきたかったのです。

授業との連携（2009年度）

　ある日、文芸学部のトッド先生（村議会委員）の部屋へ、2009年度の授業との連携について打ち合わせに行きました。話も終わって世間話をしていると、トッド先生が、2009年はアメリカの科学理解増進委員会（COPUS）の「科学年」、さらに世界天文年だねとおっしゃいました。

November Activity Schedule

11/02 ~ 11/30, 2009

Mon	Tue	Wed	Thu	Fri
School Festival 2	School Festival 3	School Festival 4	Kinki University Foundation Day 5	Spanish Omelet w/ Dorian 6
11/1 ~ 11/4 ☆Kinki School Festival☆			No School	Europe
French Toast w/ Matthew 9	Afternoon Tea & Cake w/ Nick 10	Sweets Eating Contest 11	Clatite w/ Sebastian 12	Carbonara w/ Keiko 13
Europe	Europe	Europe	Europe	Europe
Hash Browns w/ Andrew 16	HOT DOG Eating Contest 17	Tacos w/ Jeremy 18	Veggie Chili w/ Joe 19	The Elvis Presley Sandwich w/ Jill 20
Americas	Americas	Americas	Americas	Americas
Labour Thanksgiving Day 23	Aussie Damper w/ Scott 24	Oyster Pork w/ Shane 25	Khuushuur w/ Julia 26	Jeon w/ Kanako 27
No School	Asia Pacific	Asia Pacific	Asia Pacific	Asia Pacific
Spice Island Smoothies w/ Tim 30				

Coming up in December...
Dec. 7th & 8th : Charity Christmas Art Market
Dec. 15th : Christmas Dinner!!!
(Booking for Christmas Dinner starts at 10:00am on Tuesday, Dec. 1st.)

We are open from 10:00am - 6:00pm.

Activity Hours
1:20pm - 2:00pm (3rd period)
3:00pm - 3:40pm (4th period)
4:40pm - 5:20pm (5th period)

Happy 3rd Anniversary E³!

トッド："Do you want to have any science or astronomy events?"（科学や天文学のイベントとかしたらいいのに。）

岩下："Whoa, I don't think students would be able to understand them in English."（本気で言っているの？　そこまで学生英語でわかるかなあ。）

　正直、実現は無理だと思っていました。食べ物で来ても、科学で学生は来るのか？　その場は笑ってごまかしました。しかし、その日からテレビでもイベントでも、実験が取り上げられることがものすごく多いことに気付きました。そこで思い切って、ネイティブスタッフに相談してみましたが、"Hmm."（ウ〜ン）とうなるだけで、やはり諦めようと思いました。

　ただ、テレビで面白い実験をとり上げる番組が以前にも増して多くなっていたので、独断と偏見で、4月〜7月のなかで、1ヵ月の利用者数が1万2千人以上でしかも英語にも慣れてくる6月を Science Month にしてしまいました。イベントには、近畿大学の江藤教授（ハイスピードカメラ）、井田教授（バイオコークス）にアクティビティーをしていただけるよう依頼、そして、天文研究会にプラネタリウムを出してもらえるよう依頼しました。すると、理工学部で英語を教えている先生方が、アクティビティーに参加してスタンプをもらうだけでなく、レポートを書くという宿題も出していました。たくさんの学生が「ドライアイス実験」や「コーラとメントス大実験」などのアクティビティーや、有名な教授陣のアクティビティーに参加しました。レポートの課題を出した先生方にも、"Not only did they write about how they felt but they also wrote about what they learnt, even the chemical reactions!! It is just amazing!"（感想だけでなく、化学式や学んだことをびっしりとレポートに書いてくれた、すごいよ!!）とおっしゃってくださいました。その後も、薬学部の一回生にアクティビティーをして、大学について学ぶ

という企画なども出てきて授業との連携がだんだん現実のものになってきたことを実感しました。

英語のできる学生をどうするのか。

　心にまた、少しの余裕が出てきました。学生は以前より楽しくアクティビティーに参加するようになりました。しかし、まだまだ残っている課題はあります。プログラムにこれで良いということは何もないと常日頃思っています。そんな課題の一つに、「英語村のターゲットではない学生、いわゆる英語の大好きな、そしてやる気のある学生をこのままおざなりにしてよいのか？」がありました。

　英語を話す側として、これほど楽しい相手はありません。ぐんぐんとスコアーは伸びる、話す内容を考えてくる、いつも違う話題を話すことができる。実はスタッフにとっては、英語を好きな学生と話すほど楽なことはないのです。

　では、なぜないがしろにしてきたか。一番初めにあったゴールのひとつが、「英語を好きな、または外国人が大好きな学生に英語村を独占されないこと」でした。視察に来られる他大学の方々も同じ悩みをお持ちでした。「せっかく施設を作っても、英語の好きな学生に独占され、本当は来てほしい、英語に興味のない学生が寄り付きたくても寄り付けない空気を作ってしまい、結局利用するのは、毎日同じグループなのです」と。だったら英語の好きな子はスタッフになってもらおう、やりたくない学生には、スタッフがいくら話をしていて楽しくても、15分以上は話さないことを徹底しました。その甲斐あって、1日平均600人を超える施設となったのです。

　ただ、心の中に、いつか本当にやる気のある学生へのプログラムを作りたいという気持ちは持っていました。そしてそれを実現するタイミングがやってきました。

　2009年6月の利用者1000人へのアンケートで、英語村の利用者の学

部の内訳がでました。理工学部が利用者の第1位、英語関係は6%でした。英語村の利用者が英語好きな学生だけでないことが判明しました。なぜ、もっと早く、学部を聞かなかったのだろうと少し後悔しました。とにかく、英語村の目標の一つはクリアされたと確信しました。今なら、この学部分布!?を変えることなく、英語の好きな、やる気と力のある学生にプログラムを作れるのでは、そして実際に来てくれるのではという考えが浮かびました。

ただ、6月はまだまだ、たくさんの学生がとどめもなくやってきて、日常業務に追われていました。そして8月、9月の一般公開時、少し時間を持てたので、いろいろと考えた結果、モーニング・アクティビティーを思いつきました。

モーニング・アクティビティーとは、朝、10時〜10時30分（1限目の最後30分間、英語村が一番静かな時間でもあります）のみ、ハイレベルなアクティビティーをするというものです。

月、水、金はハイレベルな学生対象、火、木を英語が不得意な学生でも参加できるプログラムにしました。参加人数0でもよいと思って始めましたが、2限目からの授業の学生が30分、早く登校して参加してくれました。数はまだまだ、アクティビティーにはかないませんが、テーブルを囲んでニュースを聞いて意見が言えるようになるのを見るのは、ネイティブスタッフにもやりがいがあるようで、アクティビティーの準備にも自然と熱が入り、スタッフのモチベーションの維持にも役立つようです。

これからもたくさんの変更、チャレンジをしていくことになると思います。3年間にいろいろ起こりましたが、英語村はまだまだ、これからバージョンアップしていく予定です。すべての学生が英語を日常に話すようになるまで、英語村の挑戦は続きます。

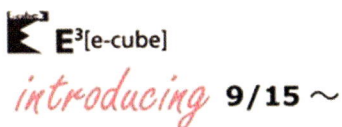

E³ [e-cube]
introducing 9/15 ~
MORNING ACTIVITY
10:00am - 10:30am

Monday	News Review
Tuesday	Morning Yoga
Wednesday	Tea Party
Thursday	Guitar Lesson for beginners
Friday	TV Drama Series

How about some English with your morning coffee!

5.2 The Making of a Daily Schedule for E³

The use of a daily schedule in the management of staff at E³ is absolutely essential to ensure the smooth running of the facility. If done with adequate thought, a well planned daily schedule ensures that all required tasks will be seen to throughout the day, and more importantly for the staff, allows them to easily and clearly see what their day is to consist of. In drawing up a daily schedule, management must not only be aware of what is going on that particular day, but also what is going on in the days ahead. Upcoming events and activities need to be prepared, so time must be allotted for the staff to get their individual activities in order, and prepare for special events.

What is on the Daily Schedule?

The actual written daily schedule is broken into one-hour time slots into which the four basic duties performed by the E³ staff are written. If required, their break times are also included. These four basic duties that the staff perform during a regular daily routine are: activity, café, passport/passport questions, and chat.

Activity

Once staff names and working times are written on the schedule, the management's first task is to fill in the name of the staff member who will conduct the daily activity in the appropriate time slot. While there is no strict time limit for the activities, they should generally be around 40 minutes in length, so 40 minutes is marked on the schedule at each activity time.

5.2 ネイティブスタッフの取り組み

E³の毎日のスケジュールの作成

　E³スタッフの管理に日課表を使うことは、施設の円滑な運営に欠かすことができません。よく考えて1日のスケジュールをしっかりと計画すると、その日1日に必要な仕事のすべてを手配することができます。また、スタッフにとってさらに重要なことには、自分の1日のスケジュールを簡単かつ明確に知ることができるようになります。1日のスケジュールを作成する際には、管理スタッフはその日に何が行われるかを認識するだけでなく、明日以降に何が行われるかも知っておかなければなりません。近日中に行われるイベントやアクティビティーの準備もしなければならないので、スタッフが、それぞれのアクティビティーを準備し、特別イベントに備えるための時間も割り当てなければなりません。

日課表には何が書かれているか？

　実際に記載された1日のスケジュールは、1時間単位に分けられており、E³スタッフが実施する4つの基本的な仕事が記入されています。必要に応じて、休憩時間も書かれています。通常の日常活動中にスタッフが行う4つの基本的な仕事とは、「アクティビティー」「カフェ」「パスポート／パスポートクエスチョン」「チャット」です。

アクティビティー

　スタッフの名前と仕事時間がスケジュールに記入されると、管理スタッフが最初にする仕事は、毎日の「アクティビティー」を行うスタッフの名前を、適切な時間枠に書き込んでいくことです。アクティビティーに厳密な時間制限はありませんが、長さはだいたい40分程度にします。ですから、スケジュールの各アクティビティータイムのところに40分

The activities are carried out three times a day, starting at 1:20, 3:00 and 4:40. These times coincide with university class times, with each activity beginning 10 minutes after the start of each afternoon class. If required, preparation time for the activity is allotted before 1:20. Also, staff members conducting the activity are generally not assigned tasks other than 'chat', which allows them to fully concentrate on their activity.

Break Time

The next items entered on the schedule are break times. E^3 policy states that staff members working more than five hours are required to take a 30-minute break. Since E^3 is usually busiest during lunch-time (between 12:10 and 1:10), staff members are generally given their breaks after lunch, usually between 1:00 and 3:00. Generally, no more than two staff members take a break at the same time so as to leave an adequate number of staff in E^3. With two staff members taking 30-minute breaks at the same time, everyone's break is usually completed by 3:00 pm.

Café

Café is the next duty to be filled in on the schedule. Anyone wishing to order from the E^3 café must place their order in English with an E^3 staff member. The schedule, therefore, requires someone to be on café duty at all times throughout the day. Each of the eight to ten staff members on duty most days are usually assigned to the café for one time slot each day, allowing the café to be covered for the eight hours that E^3 is open.

間の枠を設けます。アクティビティーは1日に3回行い、それぞれ1時20分、3時、4時40分から始まります。これは大学の授業時間と連動しており、各アクティビティーは午後の授業開始時間の10分後に始まることになります。必要に応じて、1時20分より前にアクティビティーの準備時間を割り当てます。また、アクティビティーを行うスタッフは一般的に「チャット」以外の仕事には割り当てられません。こうすることにより、自分のアクティビティーにしっかりと集中することができるようになります。

休憩時間

　次にスケジュールに記入するのは「休憩時間」です。E^3の方針により、5時間を超えて仕事をするスタッフは、30分の休憩を取らなければなりません。通常E^3ではランチタイム（12時10分から1時10分まで）が最も忙しいので、スタッフに休憩時間が割り当てられるのは、ランチタイムの後、一般的には1時から3時の間です。E^3に適切な数のスタッフを残しておかなければなりませんから、通例3人以上のスタッフが一度に休憩を取ることはありません。2人のスタッフが30分の休憩を同時に取ると、全員の休憩が午後3時までに終わることになります。

カフェ

　次にスケジュールに記入する仕事は「カフェ」です。E^3カフェで注文したい人は、E^3スタッフ相手に英語でオーダーをしなければなりません。従って、1日のすべての時間帯に誰かがカフェ業務についている必要があります。ほとんどの日に8〜10人のスタッフが勤務しており、それぞれがカフェに1日1時間割り当てられることが多く、これでE^3がオープンしている8時間の間、カフェ業務をカバーすることができます。

Passport Duty

The passport and passport questions duty is next to be marked on the schedule. While one staff member per hour is generally enough to cover passport duty, two staff members may be required during busy times, usually at the beginning of the school year when we see an influx of students coming to E^3 to be issued their passports. Also, throughout the remainder of the year, students are required to come to E^3 three times and complete their passport questions by participating in a ten-minute conversation with an E^3 staff member.

Students are given a two-week time period to complete each of these three assignments. Many students, however, leave their work to the last minute so often the final days of the passport assignments are quite busy. By being aware of the appropriate dates that passports are issued or when passport assignments are due, managers can anticipate these busy times and schedule appropriately.

Another scheduling option is to assign a passport 'helper' on the schedule. While one member of the staff is always on passport duty, a second member assigned as passport helper can be designated for busy times. This person's role will primarily be chatting with students (see below), but they will be available to assist with passports if needed. This is a particularly good option if there is any uncertainty about how busy passport duty will be on a particular day.

As with café duty, each staff member is generally assigned to passport duty only once each day unless called upon during busy times to act as a passport 'helper'.

Chat

The final duty filled in on the schedule is chat. Since spending time chatting with students at the E^3 is undoubtedly the staff's main duty, it is

パスポート業務

次にスケジュールに印を入れるのは、「パスポート」と「パスポートクエスチョン」の業務です。パスポート業務を担当するのは通常1時間あたり1人のスタッフで十分ですが、繁忙期には2人が必要なこともあります。年度の初めに学生がパスポートの発行を求めてE^3に殺到する時期などがこれに当たります。また、年度の終わりまでに学生はE^3に3回来て、E^3スタッフとの10分の会話に参加して、パスポートクエスチョンをこなす必要があります。

この年3回の課題を完了するために、学生にはそれぞれの課題に2週間が与えられます。しかし、多くの学生は締め切りギリギリまで課題を終わらせないため、パスポート課題の最終日前は非常に忙しくなります。パスポートが発行される日やパスポート課題の締め切りの日をしっかり把握することによって、管理スタッフはこうした忙しい時期を予測し、適切なスケジュールを組むことができます。

スケジュールのもうひとつのオプションとして、スケジュールに「パスポートヘルパー」を割り当てるということがあります。スタッフの1人は常にパスポート業務を行い、パスポートヘルパーに任命された2人目のスタッフは、忙しい時間にのみ割り当てることができます。このスタッフの役割は、第一には学生たちとチャットすることですが、必要に応じてパスポート業務の手伝いにまわることができます。パスポート業務の忙しさが把握できない日には、このオプションが特に役立ちます。

カフェ業務と同じく、各スタッフは忙しい時期にパスポートヘルパーとして呼び出される場合を除き、パスポート業務に割り当てられるのは通常1日に1度のみです。

チャット

スケジュールに記入する最後の業務は「チャット」です。E^3で学生とおしゃべりすることに時間を費やすことが、このスタッフの主な業務

this task that takes up the majority of their day.

Included in the role of chat is outside duty, since E^3 has outdoor seating and a basketball court for the students to use. Depending on the time of year and weather, staff can be assigned to outside duty, their role being to chat with students who are outside of E^3. In winter or on wet days no one is assigned outside, however, most days generally see one or two members of the staff doing the outside duty.

All of the everyday tasks undertaken at E^3, except for chat, should now be accounted for on the daily schedule. Any remaining time is assigned to chat or for preparation of activities. For staff working a full eight-hour day, four to five hours of chat duty is standard.

Preparation and Planning Time

When devising the schedule, it is important to consider any planning or preparation time that may be required. The members of staff are encouraged to do all activity preparation during their working hours rather than on their own time. If a staff member has requested time to prepare for an upcoming activity, or the manager feels that time needs to be spent planning or preparing for upcoming events, it should be included on the daily schedule at this point. By considering the number of staff assigned to chat at different times throughout the day and anticipating the number of students who will be visiting E^3, the manager can decide the most appropriate times for preparation and planning.

Busy Times and Busy Days

The number of students who visit E^3 varies enormously, not only from day to day, but also at different times throughout the day and throughout the

であることは間違いありません。従って、1日のほとんどを占めるのはこの業務です。

E³には屋外の座席とバスケットコートがあるので、「屋外でのチャット」が職務に含まれます。季節や天気に応じて、スタッフをこの業務に割り当てることができます。彼らの役割はE³の外にいる学生とおしゃべりすることです。冬期や雨の日には屋外にスタッフを割り当てることはありませんが、ほとんどの日には通常1人または2人のスタッフがこれを行います。

ここまでで、E³で行われるチャット以外のすべての日常業務が日課表に記入されていることになります。残った時間は、チャットまたはアクティビティーの準備に当てられます。1日8時間のフル勤務をしているスタッフの場合、チャットが4～5時間になるのが標準的です。

準備・計画時間

スケジュールを作成する際に重要なのは、必要とされる「計画時間」または「準備時間」を考慮することです。スタッフはあらゆるアクティビティーの準備を、個人の時間ではなく業務時間中に行うように推奨されています。あるスタッフが近々のアクティビティーの準備をする時間が欲しいと言ってきた場合、あるいは管理スタッフが同様のイベントの計画または時間に割く時間が必要だと感じた場合、この段階でその時間を日課表に含める必要があります。1日の様々な時間にチャットに割り振るスタッフの数を考慮し、E³を訪れる学生の数を予測することで、管理スタッフは準備や計画に最も適切な時間の長さを決めることができます。

忙しい時間帯と忙しい日

E³を訪れる学生の数には大きな変動がみられます。これは日による違いだけではなく、1日の中の時間や、1年を通しても違いがあります。

year. The times that students tend to visit E³ coincide with the University's class periods. It is not at all uncommon for E³ to go from being full of energetic and boisterous students to an empty facility within the space of a few minutes.

To help managers plan the schedule it is essential to have an idea of the number of students who visit E³ and when they come. To obtain this information, we record the number of visitors and the times that they come during the first weeks of a new semester. What we see in the first weeks of a new semester tends to continue throughout the semester. With this data, managers get a clear picture of the days and the times that most students come to E³, which can prove beneficial to managers when drawing up the daily schedule. In particular, it allows staff break times to be scheduled at the times that tend to see the least number of visitors to E³.

学生がよく E³ に来る時期は、大学の授業の期間と連動しています。E³ がエネルギーにあふれたにぎやかな学生で一杯になったかと思えば、数分の内に施設が空になることも、全く珍しいことではありません。

　管理スタッフがスケジュールを計画しやすいように、E³ に学生がどれだけ来るか、いつ来るかについて、見当を付けることが不可欠です。この情報を得るために、新学期の初めの数週間は訪れる人数と時間帯を記録しています。新学期の初めの数週間で見られることは、その学期の終わりまで続く傾向があります。このデータにより、管理スタッフは学生が E³ に来る日や時間の傾向を明確に把握します。これは、管理スタッフが毎日のスケジュールを組む際に役に立ちます。特に、E³ への訪問者が最も少ない傾向がある時間に、スタッフの休憩時間を入れることができるようになります。

Conclusion

The use of a daily schedule has been of enormous benefit to E^3. As well as assisting management in the day-to-day running of the facility, the daily schedule allows staff to be fully aware of what they are expected to be doing and clearly defines their role in E^3.

For any manager of a facility such as E^3 the use of a daily schedule can provide many benefits. While it can be very easy to make, the most challenging part of any daily schedule may be ensuring that it is properly utilized and always properly followed by staff.

おわりに

　日課表を活用することは、E³にとって極めて大きなメリットがあります。日課表があることで、施設の日常の運営について管理スタッフが助けられるだけでなく、何をすることが期待されているかをスタッフが十分に自覚し、E³における自らの役割を明らかに示すことができるようになります。

　E³のような施設の管理スタッフには、日課表を活用することで多くのメリットがもたらされます。日課表を作成することはとても簡単なことです。最も難しいのは、正しく活用し、スタッフが常に正しくこれを守ることです。

E³ Conversation & Chat

"Hello, how are you?"
"I'm fine thank you, and you?"
"I'm fine thank you."

Those people who teach English as a foreign language will be even more familiar with the above conversation as a set, unalterable conversation than most native speakers. Such people may be quite accustomed to uttering this discourse pattern on a daily basis. Imagine having this conversation... fifty times, one hundred times a day. Sounds repetitive and tedious? Surprisingly, not actually.

It's true that, even for more advanced speakers, such a conversation, learnt at an early stage, appears to become embedded as the only way to get communication started. But it's what comes next that can prove to be most interesting working at E³. There are so many different types of students coming in each day that you never quite know what to expect.

Of course, there are the regular students. They come in every week, every day, some appear to even spend every waking hour of their free time with us. The regulars are the safe, predictable ones, they know what to expect, have a reasonably good idea of how to respond and often even have some ideas of what they can talk about with us. The challenge with the regulars is not how to talk to them but what to talk about—a recent news story, a school event, a seasonal celebration—all opportunities for them to extend their discourse ability. These people are the ones who get to know, understand and who clearly take a lot away from their visit to E³. We are, in

会話とチャット

"Hello, how are you?"（こんにちは、お元気ですか？）
"I'm fine thank you, and you?"（元気です。ありがとう。あなたは？）
"I'm fine thank you"（私も元気です。ありがとう)"

英語を外国語として教える人なら、上記の会話をワンセットの変わることのない会話として、ほとんどのネイティブスピーカーよりもずっと耳慣れていることでしょう。こうした人たちは、毎日この会話パターンを口にすることにすっかり慣れているかもしれません。この会話を1日に50回、100回行うことを想像してみてください。あまりにも繰り返しが過ぎて、飽き飽きすると思いませんか？ 驚くことに、実際には飽きないのです。

もっと上級のスピーカーにとっても、初期の段階で習ったこのような会話が、コミュニケーションの口火を切る唯一の方法として組み込まれているように思われるのは事実です。しかし、E³で仕事をする際に確かに最も面白いのは、この後に何の話題が出て来るかです。毎日異なるタイプの生徒があまりにもたくさん来るため、何が起こるかが全く分からないのです。

もちろん、常連の学生もいます。彼らは毎週、毎日やって来ます。起きている自由な時間はすべて私たちと過ごすような学生もいます。常連の学生は、私たちの予測の範囲を超えない、ある意味で「安全な」人たちです。彼らは何を期待すべきかを知っており、答え方についてもそこそこの考えを持っており、私たちとどんな話題で話せるかについての考えも持っていることさえよくあります。この常連学生についての課題は、どのように話しかけるかではなく、何について話すかです。それは最近のニュース記事であったり、学校のイベントであったり、季節のお祝い事であったりするので、彼らの会話能力を伸ばす絶好の機会です。

some cases, viewed as friends, in others, as entertainment. So it is up to us to recognise this expectation and live up to it to ensure that these students continues to enjoy the facility offered to them.

But even the regular students have a "first time" experience of E^3 at some time, and this is our chance to make an impression. There are two important factors which will affect any student's ability to communicate the first time around. Firstly, English capability. At Kinki University, this varies from students who struggle with the above dialogue, to students who can converse on an almost equal basis as a native speaker. Another key factor is confidence. So we have students who have a very good level of English but struggle to communicate because of nerves. At the other end of the scale are students who want to talk and will try hard to do so, but don't have the English to back this up.

So how should we deal with all this? We have to speak to them but often with no prior knowledge of what they are capable of. Well actually, the "how are you" conversation may seem very formulaic, but it is actually a very good way to gauge how the student will cope with a prolonged conversation. The next part of the conversation is naturally quite simple too, but while some students struggle with "What's new?" (they might be able to list the contents of their lunch box), others will quite happily discuss their recent events. For many students, listening is a more important goal than being able to speak, so we need to have a few conversation ideas ready to discuss, almost as a monologue. This is where the daily activities can actually be quite useful. Ask students about their knowledge of Halloween or whether they have tried to cook today's recipe themselves. Another good topic can

こうした人たちは、E³から明らかに多くを得ることができる人たちです。私たちは友人と見られることもあれば、エンターテイメントと見られることもあります。この学生が大学の施設を利用し続けられるようにするために、この人達が何を期待しているかを理解し、それに応えるのが、スタッフの仕事です。

　しかし、こうした常連の学生にもかつてはE³を「初めて」体験したことがあります。これが私たちにとって、強い印象を与えるチャンスです。学生が初めて会話を行うときに、学生のコミュニケーション能力に影響を与える2つの重要なポイントがあります。まず、英語の能力です。近畿大学では、上記のようなあいさつにすらも格闘しなければならない生徒から、ネイティブスピーカーと見たところほとんど対等に会話できる生徒まで、英語力に差があります。もうひとつのポイントは、自信です。英語のレベルはとても高いのに、度胸の点でコミュニケーションに苦労するような生徒がいます。これと正反対なのは、話したいし、話そうと精一杯努力するけれど、これを支える英語力を持ち合わせていない学生です。

　では、これらすべてのケースをどのように扱うべきでしょう？　私たちは学生に話しかけなければなりませんが、彼らに何ができるのかをあらかじめ知らないこともよくあります。実際、この「お元気ですか？」的な会話はあまりに決まり文句のように思えますが、学生が長い会話にどの程度対処できるかを測るとても良い方法なのです。この会話の次の部分も当然の事ながらとてもシンプルですが、「何か変わったことは？」に苦しむ生徒もいます。（弁当箱の中身を列挙する生徒もいれば、嬉々として最近の出来事を論じる生徒もいます）多くの学生にとって、話せるようになることよりも、聞き取れるようになることがより重要な目標です。ですので、まるで独り言のように話せるいくつかの会話のアイデアを用意しておく必要があります。これは、日々のアクティビティーがとても役立つ部分なのです。学生にハロウィンについて知っていること

be that old favourite from my country (the UK)-weather. It might sound simple, but it is actually a comfortable thing for students to discuss. Another personal favourite of mine is mobile phone straps ("so, where did you get that from then?").

A job which simply involves having conversations with people might not sound so difficult. But it is a challenging one where, most of the time, you have to generate ideas for conversations yourself. And yet, there are so few places in Japan where students have such an excellent opportunity to practise their conversational English, free of charge. It is, thus, our duty to be prepared, alert to individual students' ability and confidence levels, and to ensure that they are given the best chance possible to get beyond that initial, "I'm fine thank you. . . ."

を尋ねたり、今日のレシピを自分で料理してみたかどうかを聞くこともできます。私の母国（イギリス）で昔から好まれている天気の話題も良いトピックになります。天気です。簡単なことに聞こえるかもしれませんが、実際に学生にとっても話しやすい話題です。もうひとつ、私が個人的に好きな話題は、携帯電話のストラップです。（「で、それはどこで手に入れたの？」）

　人と会話をするだけの仕事は、あまり難しいと考えられていないかもしれません。しかし、自分で会話のトピックを考えなければならないような場合には、会話はやりがいのある仕事です。にもかかわらず、学生が無料で英会話を練習できるこのような素晴らしい機会を得られる場所は、日本にはほとんどありません。従って、準備をして、個々の学生の能力と自信のレベルに気を配り、あの最初の「私も元気です。ありがとう…」の会話の枠を超えるために可能な限り最高の機会を与えられるようにするのは、私たちの責務なのです。

Using the Forces of Nature to Initiate English Conversation at E³

Remember your university days? What were your priorities? Chances are, attending classes was not high on your list. University students usually have three things on their mind—passing their exams, what to eat for lunch, and members of the opposite sex.

Even the most studious students secretly dream of a romantic encounter, and it's evident in the comic books they pore over and the pop stars they adore. At university students are not only finding themselves, they're discovering their ambitions, making friends and screening for potential spouses. The connections they make in their university days will (hopefully) be lifelong and beneficial not only for career opportunities but also for social and travel purposes. They're studying science, law and economics, but what they're really 'studying' is each other.

Girls talk about their 'type'. They talk about their dream guy, and giggle and shy away whenever a cute boy looks in their direction. Boys are a little more blunt in their discussions about girls, but often the reaction is the same. When a cute girl saunters past, they laugh nervously and pretend they're not looking. Furtive glances are cast about the café floor as young men and women cautiously seek out potential partners. This is the perfect situation to step in and provide an opportunity for real encounters . . . in English!

Giving compliments and learning how to receive compliments is the first step. "That colour suits you", or "You are so beautiful" or even "Do you live near here?" are all effective and fun ways to approach members of the opposite gender successfully. Interacting in English gives students

人間の本質を利用して英会話を始めよう

　自分の大学生活を覚えていますか？　優先していたことは何だったでしょう？　きっと、授業に出席することは優先リストの上位にはなかったことでしょう。大学生がいつも考えていることはだいたい、試験に通ること、ランチを食べること、彼（彼女）を見つけることの3つでしょう。

　かなり勉強好きな学生たちでさえもロマンチックな出会いをひそかに夢見ています。それは、彼らが熱心に読みふけるマンガ本や憧れのポップスターを見れば明らかです。大学で、学生たちは自分自身を発見しようとしているだけではなく、夢を見つけ、友達を作り、時には将来の伴侶をも選ぼうとします。大学時代に作り上げた人間関係は、生涯変わらぬものとなるでしょう。そしてそれは、将来の職業上のつながりだけではなく、社会的な目的を果たしたり、また、旅行をするのにも役立ちます。学生は科学や法律、経済を学んでいますが、本当に学んでいるのはお互いのことなのです。

　女子学生たちは自分の「タイプ」について話します。彼女たちは理想の男性について語り、かっこいい男子がこちらを向いても必ずクスクス笑うだけです。男子学生たちは女の子の話をするときにはもう少し無遠慮ですが、反応はだいたい同じです。かわいい女子がゆっくりと通り過ぎても、気恥ずかしげに笑って、見ていないふりをします。若い男女が注意深く将来のパートナーを探すカフェのフロアでは、密かな視線が飛び交っています。これは、まさしく「出会いのチャンス」であり、一歩進むには完璧な状況です。もちろん英語で！

　相手を褒め、相手から褒めてもらう術を学ぶことが第一歩です。「その色似合うね」や「とてもきれいだね」、または「近くに住んでるの？」は異性にうまく近づく有効かつ楽しい方法です。英語で会話をすることによって、学生たちは自由と自信を得ます。これは多くの学生が日常生

freedom and a sense of confidence, something that many don't encounter in their everyday lives. Moreover, it's a great chance to experiment and enjoy interaction in another language.

Of course there are students brimming with confidence and self-assurance, as there are in any university. They're good looking, wear the latest fashion, and barely flinch when approached by English-speaking staff. They are, as we all know, the minority, and are readily engaged into conversation, regardless of their language ability. These students attract other students. However, it is the majority, the hesitant, shy and sometimes ungainly students that are of primary concern at E^3.

Students lacking confidence in the social realm are primary targets. By giving them the necessary tools with which to interact (in English), they are transformed into savvy, confident individuals, approaching anyone on a whim. They assist both E^3 staff and their classmates with the day-to-day requirements of English homework, while at the same time impressing

活では出会わないものです。さらに、これは他の言語で交流することを試し、楽しむ素晴らしい機会にもなります。

　もちろん、どの大学にもいるように、自信と落ち着きに満ちた学生もいます。彼らはルックスが良く、最新ファッションを身にまとい、英語を話すスタッフが近づいてもたじろぐことはほとんどありません。もちろん彼らは少数派です。そして言語能力に関係なく進んで会話に入っていきます。こうした学生たちは他の学生を惹き付けます。しかし、E³にとっての一番のターゲットは多数派の、ためらいがちで、恥ずかしがりで、時にはぎこちないまでの学生たちです。

　社会的な分野で自信のない学生たちが主な対象です。（英語で）交流するために必要なツールを与えることで、彼らは情報通で自信にあふれた人に変わり、誰にでも近づくことができるようになります。彼らは、E³スタッフを助け、日常的に要求される英語の宿題でクラスメイトを助けるようになります。同時に、新たに発見したすばらしい英会話

other students with their new-found abilities and prowess in English conversation. Urged on, students will approach others (in English), initially just for fun, and often end up walking to class together from E^3. These new friendships are consolidated using English conversation every day at E^3.

By appealing to students' basic human nature, the E^3 communication facili-tator can effectively ensnare any student in conversation about a topic that is familiar to all human beings—the opposite sex. New and used vocabulary, describing physical appearance, personality traits, clothing, hobbies and inter-ests, are all employed during these lively discussions. The conversations are relevant, useful and fun, and best of all, keep the students coming back for more.

の能力や技量で、他の学生たちに強い印象を与えます。学生たちは促されて、（英語で）他の学生に話しかけるようになります。最初は単に楽しいからですが、最後には一緒に E^3 から教室に向かうことになります。こうして新たに生まれた友情は、毎日 E^3 で英語を使うことで、さらに強固なものになって行きます。

　学生たちが持つ人間としての基本的な性質に訴えることで、ネイティブスタッフは、全人類に共通の話題——すなわち異性——についての会話に学生を効果的に引き込むことができるようになります。外見や性格の特徴、服装、趣味、興味の対象を説明するための、新しい単語も古い単語も、全てが使われて、生き生きとした会話になるのです。会話は関心ある話題が行き交い、役に立ち、楽しいものになります。何よりも、学生がさらに多くを求めて何度もここに通い続けることになります。

The Role of Food at E³

Across cultures, food and communication are linked. Breakfast and dinnertime are when we talk to our loved ones about what will happen or did happen that day. Business people find it easier to discuss sensitive topics over lunch than in a meeting room. And food also plays a key role in encouraging and facilitating communication at E³, albeit in a foreign language, on the part of the students and visitors for whom the facility was designed.

This link can be seen by looking at the very structure of the building, which is a combination café and lounge. The Kinki University Language Institute (KULI), where students can take free classes or use the extensive library of self-study material, is a fantastic resource for those students motivated to use it. However, it is still a somewhat quiet and formal setting compared to the E³, where students and staff can laugh out loud, play music or games, and just talk. Another distinguishing feature is, of course, the lure of the food, and many students are drawn by E³'s menu of North American and other foreign dishes. The standard menu includes not only homemade hamburgers and pizza, but also foods less familiar in Japan, such as burritos and grilled-cheese sandwiches. This regular menu is supplemented by seasonal dishes and other exotic food and drinks. During the 2009-2010 school year, E³ served a series of dishes from other Asian countries. One of these, Taiwanese bubble tea, proved a huge hit with female students, some of whom came every day to try the low-priced drink. In October, the pumpkin pie sells out every day.

Of course, the goal of E³ is not to feed students, but rather to encourage

食べ物の役割

　文化の壁を越えて、食べ物とコミュニケーションにはつながりがあります。朝食と夕食の時間は、その日に何をするか、何があったかを、愛する人と語り合う時間です。ビジネスマンなら、デリケートな話題は会議室でよりもランチを取りながらのほうが話しやすいことを知っています。学生やビジターのために施設が設計されている E^3 でも、外国語を使わなければならないとはいえ、食べ物がコミュニケーションに重要な役割を果たしています。

　カフェとラウンジの組み合わせという建物の構造そのものに目をやると、このつながりが見えてきます。近畿大学語学センター（KULI）では学生たちが無料で授業を受けたり、幅広く自習教材が集められたライブラリーを利用したりすることができます。活用しようというモチベーションを持った学生にとって素晴らしいリソースが揃っています。しかし、図書館同様、人の迷惑になるような大きな音は立てられません。ところが、E^3 では学生とスタッフが大声で笑ったり、音楽を演奏したり、ゲームをしたり、もちろんただ話し合うこともできます。もうひとつの際立つ特徴は、もちろん、ここで出される食べ物の魅力です。多くの学生は、北米とその他の外国の料理が並んだ E^3 のメニューに心惹かれます。標準メニューにはホームメードのハンバーガーやピザだけでなく、ブリトーやグリルド・チーズ・サンドイッチなど、日本ではあまり知られていない料理も並びます。こうした通常メニューのほか、季節の料理や異国情緒あふれる食べ物、飲み物も選べます。2009年～2010年の年度では、他のアジアの国々の料理を取り揃えました。そのひとつに台湾のバブルティーがあり、女子学生の中で大人気を博しました。彼女たちの中にはこの低価格のドリンクを飲むために毎日足を運ぶ人もいました。10月には、パンプキンパイが毎日売切れになりました。

　もちろん、E^3 の目的は学生に食べ物を提供することではなく、英語

them to see communicating in English as a real possibility. After spending six junior and senior high school years studying English in classes that normally do not focus on verbal communication, even the simple act of ordering food creates a feeling of "Wow, I can do it!" Indeed, hungry and thirsty visitors are required to order in English. For many, this can be challenging or outright scary. The native English-speaking staff takes orders in a friendly and encouraging manner. There is also a sign with suggested phrases, such as "I'd like to order..." After ordering, students usually smile in relief and relax, but while they are waiting for their food, or making up their minds before ordering, the staff engages them in seemingly idle chatter. "Are you very hungry today?" "Did you have breakfast?", or even "Looks like rain, doesn't it?" The students are relaxed once their goal has been accomplished and their food is on the way. They know they are not going to be trapped in a long and difficult conversation. But the fact is, this is when a lot of E^3 visitors really first start engaging in English.

Of course, students do not come to E^3 simply to eat; they also want to meet their friends. Often students more interested in English will drag along their shier or less interested friends at lunchtime, the busiest part of the day at E^3. This may be one of the few opportunities they have to interact with each other, since many students have club or part-time job responsibilities. Between noon and 1:10 p.m., hundreds of students drop by to take advantage of this opportunity, and to make new friends with the other students and the staff.

The design of the space helps. E^3 is more like a lounge than a cafeteria. Most tables are round, which encourages conversation. There are picnic

でのコミュニケーションを現実に起こりうることとして考えてもらうようにすることです。中学と高校で6年間、教室で英語を勉強しますが、一般的にオーラルコミュニケーションには力が注がれていません。食べ物を注文するというシンプルな行動ですら「わあ、できた！」という感情を生み出します。本当に、お腹が空いたり喉が渇いた状態でここに来た人たちは、英語で注文する必要に迫られています。多くの人にとって、これは難しかったり、ひどく恐ろしいことにもなりえます。英語のネイティブスピーカーのスタッフは、親しみやすく、元気付けるような態度でオーダーを受けてくれます。また、「～を注文します」などの推奨フレーズも掲示されています。オーダーを済ませた学生は、安心したりリラックスしてにっこりと微笑むことが多いものです。しかし、食べ物を待っている間や、注文前に何を注文するかを決めているときには、スタッフは無駄とも思えるおしゃべりに彼らを巻き込みます。「今日はお腹が空いているの？」や「朝食は食べた？」、さらには「雨が降りそうだね」など。学生は、目的を達成したし、食べ物も出てくるので、リラックスしています。長く難しい会話に追い込まれることがないことを知っているからです。しかし、実際のところ、これが多くのE^3ビジターが英語に関わる第一歩となる瞬間なのです。

　もちろん、学生たちはただ食べるためにE^3に来るのではありません。彼らがここに来るのは友人に会うためでもあります。英語への興味が強い学生は、恥ずかしがり屋の友人や、あまり興味を持たない友人を、E^3が最も忙しい時間であるランチタイムに無理やり連れてきます。これが、彼らが互いに関わり合う数少ない機会のひとつかもしれません。多くの学生には、クラブやアルバイトがあるからです。正午から午後1時10分の間に、数百人の学生がこの機会を活用するため、他の学生やスタッフと友達になるためにここに立ち寄ります。

　その空間設計により、E^3はカフェテリアというよりはラウンジのような感じです。ほとんどのテーブルが丸いので、会話が弾みます。屋外

tables on the outdoor patio as well, drawing in more visitors. Students can eat not only the food sold at E³, but may also bring food obtained elsewhere. While they eat, an E³ staff member may join them. The food may provide a topic of conversation, but more often the students have something they want to talk about. Many are curious about the staff members, their cultures, customs and what they think of Japan.

Most groups of students have a member who will be brave and start talking. Often after the group has finished eating, these more eager students will engage the E³ staff, setting an example for the shier students. If no one is outgoing or all have only basic language skills, a staff member will offer to play simple games or basketball with the students. Slowly, they start using English, sometimes just to share how difficult they find it to do so. But some students, having realized that English is not so scary after all, end up coming on their own, even without their motivated friend.

Food is also used during afternoon activities at E³. The Japanese typically enjoy competition, so many of our activities take the form or games or quizzes. Often, inexpensive chocolates are the reward, or used as points for the game. This has the effect of increasing the students' motivation to actively take part in the event. However, a more important way in which food is utilized is through actual cooking activities. In general, activities in which the students play an active role work best at getting people of all ability levels and interests in English to join in. This is even more so when the subject is food. We have made all sorts of things, from 'smores' to homemade yogurt to tacos. Students are naturally intrigued by what people eat in other countries, and are curious to find out what the ingredients are called in English. While preparing the food with students, the staff uses

の中庭にはピクニックテーブルもあり、さらに多くのビジターを呼び寄せています。学生はE^3で販売されている食べ物を食べる代わりに、どこか他で手に入れた食べ物を持ち込むこともできます。食事中、E^3スタッフが加わってくることもあります。食べ物は会話の話題を提供してくれます。しかし、学生たちに自分の話したい話題があることもよくあります。多くの学生は、スタッフや彼らの文化や習慣、そして彼らが日本をどう思うかについて興味津々です。

　学生グループのほとんどに、勇敢に会話の口火を切る人がひとりはいます。グループが食事を終えた後、この最も熱心な学生がE^3スタッフを話に引き込み、恥ずかしがり屋の学生たちに手本を示します。外交的な人が誰もいなかったり、全員にごく基礎的な言語スキルしかない場合、スタッフは学生に簡単なゲームやバスケットボールをしようと誘います。彼らは徐々に英語を使い始めます。時には英語を使うことがどれほど難しいかということを共有するだけになりますが。しかし、英語は全く恐れるに足らずということに気付いた一部の学生が、モチベーションの高い友人がいなくても、最終的には自ら来るようになります。

　食べ物はE^3の午後のアクティビティーにも使われています。一般的に日本人は競争が好きなので、アクティビティーの多くはゲームやクイズの形式を取っています。安いチョコレートが賞品になったり、ゲームのポイントとして使われることが多いです。これには、イベントに積極的に参加しようという学生たちのモチベーションを高める効果があります。しかし、食べ物を用いるもっと重要な方法は、実際に料理をするアクティビティーです。一般的に言って、英語の能力水準や興味が様々な人々を参加させる効果は、学生が積極的な役割を演じるアクティビティーの場合が最も高くなります。この傾向は、対象が食べ物になった時にさらに顕著になります。私たちはキャンプファイアで食べる焼きマシュマロのような単純なスナックから自家製ヨーグルトやタコスにいたるまで、あらゆる種類のものを作りました。学生たちは、他の国で何が食べ

simple English and body language. Students are told, for example, to "dice a carrot" at the same time as the instructor dices away. Vocabulary is learned in the same way children learn their first tongues, by association, then reinforced with recipes handed out at the end. Best of all, unless there is a cooking disaster, there is something delicious to eat when the activity is done. This is the magic of food and English at E^3.

られているかについて、当然のように興味がそそられ、その材料を英語で何と言うかを知りたいと興味津々です。学生と料理している間は、スタッフは簡単な英語とボディランゲージを使います。例えば、インストラクターが角切りをしながら学生に「ニンジンを角切りにします」といいます。子供が母国語を習うのと同様に関連付けによって語彙を学び、最後に配られるレシピでこれが強化されます。何よりも、料理を大失敗しさえしなければ、アクティビティー終了時には何か美味しい食べ物が仕上がっているのです。これが、E^3 で行われる食べ物と英語のマジックです。

Cooking Activities in English at E³

The Village (E³) has a variety of activities held throughout the school year. Staff members decide which activities they will prepare and teach. These activities are taught three times a day. For most months there is a theme that the activities relate to, such as 'science', 'art' or 'Halloween'. There are also entire months dedicated solely to international cuisine. However, cooking activities are usually held once a week and often attract a large number of participants.

Since the staff members decide what food to prepare and how to prepare it, they generally choose dishes familiar to them culturally, and often unknown to the students attending the activity. Therefore, the benefits of coming to a cooking activity at E³ go beyond merely listening to a native English speaker giving instructions. Students are at the same time introduced to the cultures from which these foods originate.

I would like to introduce a cooking activity that I conducted that demonstrates some of such additional educational benefits. I am from the United States, a nation that is well known for its ethnic diversity. However, the fact that the dishes made by these various ethnic groups within America are a large part of typical Americans' diet is often overlooked. 'Mexican food' is a good example of an ethnic food not native to the United States but now integral to the American diet.

During my activity we made chicken quesadillas, common in both Mexican and American cuisine. For many, it was the first time that had eaten or even seen a quesadilla. Students helped me cut ingredients such as chicken and green onions as well as flip the quesadillas on a hot plate.

料理のアクティビティー

　英語村では、年度を通して様々なアクティビティーが行われています。どんなアクティビティーを準備し、教えるかは、スタッフが決めます。アクティビティーは1日に3回あります。ほとんどの月に、「科学」、「芸術」、「ハロウィン」など、アクティビティーが関連するテーマが設定されています。その月全体を海外の料理だけにする月もあります。しかし、料理のアクティビティーは通常でも週に一度行われ、多数の参加者が集まることが多いです。

　スタッフの数人でどんな食べ物を用意し、どのように準備するかを決めますが、一般的にスタッフにとり文化的に親しみがある料理で、アクティビティーに参加する学生にはあまり知られていない料理を選びます。従って、E^3 の料理のアクティビティーに参加するメリットは、料理を教える英語のネイティブスピーカーの言葉を聞くだけに留まっていません。学生たちは同時にその食べ物を生んだ文化に触れることになります。

　私が実施した料理のアクティビティーを紹介させていただきます。このアクティビティーで、こうした教育的メリットのいくつかが追加されたことが実証されました。私は、民族が多様なことで良く知られている国、アメリカの出身です。しかし、アメリカのこうした多様な民族が作る料理が代表的なアメリカ料理の大きな部分を占めているという事実は、しばしば見落とされています。「メキシコ料理」は、アメリカ生まれではありませんが、今ではアメリカ料理に欠かせないものとなったエスニック料理の良い例です。

　私のアクティビティーでは、チキン・ケサディヤスを作りました。これはメキシコとアメリカの両方に共通な料理です。多くの人にとって、ケサディヤスを食べることも、見ることすらも初めてのことでした。学生たちは、私がチキンやネギなどの材料を切ったり、ホットプレートの

By actually using their hands to take part in a cooking activity, the students are more likely to remember not only how to prepare it but also the English used in the process. Furthermore, they discovered new, and often misunderstood things about a different '*shokubunka*' or 'food culture'. This is not to mention the fact that after the cooking was finished, we all were able to share and enjoy the fruits of our labor, which further helps learners internalize language.

上でケサディヤスをひっくり返すのを手伝ってくれました。料理アクティビティーに参加するために実際に手を動かすことで、学生たちは料理方法だけでなく、そのプロセスで使われた英語を覚えやすくなります。さらに学生たちは、異なる「食文化」について、新しいことや誤解していたことも発見します。料理ができ上がった後、お互いの作業の成果を分かち合い、それを楽しんだのはもちろんのこと、学習者にとっては、より自然に言葉を吸収できる機会にもなりました。

E³ Basketball Court

"A sound mind in a sound body."

"He shoots.... he scores!!" At first glance, the E³ basketball court may seem like an unnecessary addition to a place of higher learning. However, I believe it is one of E³'s most attractive features. When I was a student, recreation was my favorite time of the day. It gave my classmates and me a chance to relax, be outside in the fresh air and stretch our bodies; a little reprieve from our studies. I imagine many of the students at Kinki University feel the same way.

Sports in general have many positives aspects, but two things often overlooked are how participation in them helps build communicative skills and help overcome cross-cultural boundaries. When I first started working at E³, many students were too shy to talk to me, and if they did try, they spoke Japanese. After spending time with them on the basketball court, however, I feel that they slowly changed. Many of those same students are now more comfortable speaking to me in English, which is after all the whole point of E³. I do not believe this would have been possible had we not played basketball together.

In my experience working at public schools, I have found that actively moving around is one of the best ways to get people to relax and open up. It can be intimidating for some students to sit across from a foreign staff member trying to hold a conversation. Communication comes easier, and more naturally when one is actually using one's body and focusing on something tangible, in this case basketball. These are but a few of the

バスケットボールコート

「健全な肉体に健全な精神は宿る」

"He shoots.... he scores!!"（シュートして……、得点した！） E³のバスケットボールコートは、高度な学習の場には不必要な付属物に見えるかもしれません。しかし、E³のアクティビティーの中でも最も魅力的な特徴だと私は信じています。私が学生だったとき、レクリエーションは1日の中でも一番好きな時間でした。リラックスし、新鮮な空気の屋外に出て、身体を伸ばし、勉強から一時的に逃れる機会をクラスメイトと私に与えてくれたものです。近畿大学の多くの学生も私と同じように感じていると想像しています。

一般的にスポーツには多くのプラス面があります。しかし、スポーツに参加することがいかにコミュニケーションスキルの構築を助け、異文化の壁を乗り越えることを助けるかという2つの点が、しばしば見過ごされています。私がE³で働き始めた頃、多くの学生は引っ込み思案で私に話しかけることができませんでした。私に話しかける時でも、彼らは日本語を話しました。しかし、バスケットボールコートで時を過ごした後、彼らが徐々に変わっていると感じました。同じ学生たちなのですが、その多くは今では私と気軽に英語で話します。結局これがE³の本質です。バスケットボールを一緒にしていなければ、これが可能であったとは思えません。

公立学校で働いた経験からわかるのは、活発に動き回ることは、人をリラックスさせて心を開かせる最善の方法のひとつだということです。会話しようとする外国人スタッフの向かいに座ることは、一部の生徒にとっては恐怖にすらなりえます。人が自分の身体を使って、何か実態のあるもの——この場合バスケットボール——に集中すると、コミュニケーションは簡単になり、より自然なものになります。E³のバスケット

reasons I think the E³ basketball court plays such a vital role in students' progress in learning English.

If a student wants to play basketball at E³, he or she must first request a ball from a staff member using English and provide a student ID card. Once on the basketball court, students are forbidden to use Japanese, which seems harsh at first, but really benefits them in the long run. It is all a question of motivation, and if a student really wants to use the court, they will try speaking English to do so.

I truly believe that learning English can be fun and I hope more students are able to realize what a great resource they have here at Kinki University. If you ever come to E³ to speak to me, weather permitting, I will probably be outside. See you on the court!

ボールコートがこのように、学生の英語学習の進捗にきわめて重要な役割を果たすと考える理由がいくつかあります。

　学生が E^3 でバスケットボールをしたいと思えば、まず英語を使ってスタッフにボールがほしいと言い、学生証を示さなければなりません。バスケットボールコートにくれば、日本語の使用を禁じられます。これは最初は厳しいと思うかもしれませんが、長期的には本当に彼らのためになっています。すべてはモチベーションの問題で、学生が本当にコートを使いたければ、そのためには英語を使おうとするのです。

　私は、英語学習は楽しいと心から信じています。そしてより多くの学生が、ここ近畿大学で自分がどれほど素晴らしいリソースを持っているかを認識してくれるようにと願っています。みなさんが私と話すために E^3 に来てくれるとき、天気さえ許せば、私はきっと屋外にいます。コートでお会いしましょう！

Music Activities at E³

What could be more fun than learning English? Try learning English and music together. Music activities are often fun and a great break from normal conversation for students and the staff at E³ because they offer a chance to learn English in a more creative way. These activities can also be a chance for the staff to learn something, too.

At E³ students are welcome to participate in activities every day. Many students are motivated to join on their own because of an interest in the topic of a certain activity. Some, on the other hand, join because their teachers are willing to give them extra credit for their class. Once we have the students that need extra credit here for the next 45 minutes, this is our shot to impress and let them enjoy themselves enough so that they will return on their own next time.

I try to do this by having activities that discuss popular music genres. One such activity was hip-hop music. Many Japanese university students love hip-hop music but really don't know about the history, music structure or the older musicians that helped to make this genre as popular as it is. In this activity, we discussed the above using video and musical references that helped to draw in the students and made the activity more interesting and enjoyable. Hopefully, this results in students coming back for more activities or at least returning to have a conversation with whomever conducted the activity.

Thanks to financial support from the University, E³ has enough instruments to form at least two or more bands. Musical instruments available for use during activities include:

音楽のアクティビティー

　英語の勉強より楽しいことって何でしょう？　英語と音楽を一緒に勉強してみましょう。音楽のアクティビティーは面白く、学生とE^3スタッフにとって、通常の会話からちょっと離れるすばらしい機会となることが多いでしょう。なぜなら、英語をもっとクリエイティブな方法で学習する機会を提供してくれるからです。このアクティビティーは、スタッフにとっても何かを学ぶ機会になります。

　E^3では、学生たちは毎日様々なアクティビティーに参加することができます。ほとんどの学生は、そのテーマへの興味から、自らモチベーションをもってアクティビティーに参加しますが、一方で、先生が授業の宿題として与えるため、アクティビティーに参加する学生もいます。これは私たちにとってチャンスです。彼らに良い印象を与えて、十分に楽しんでもらえれば、それが次の彼らの自主的な参加につながるからです。

　私はポピュラー音楽のジャンルを話し合うアクティビティーを持つことで、これを試みました。こうしたアクティビティーのひとつが、ヒップホップミュージックでした。多くの日本人大学生はヒップホップを好きですが、その歴史や音楽の構造、このジャンルを現在の人気にまで押し上げた古い世代のミュージシャンたちのことをあまり知りません。このアクティビティーでは、このような話をするため、学生たちを引き込み、アクティビティーをより興味深く楽しいものにするような、ビデオや音楽の参考文献を使いました。この結果として、学生たちがより多くのアクティビティーに参加したり、少なくともアクティビティーを行ったスタッフと会話をするためにまたE^3に来てくれることを望んでいます。

　E^3は少なくとも2組以上のバンドを結成できるだけの楽器を備えています。アクティビティー中に使える楽器は以下の通りです。

- 3 acoustic guitars
- 1 electric guitar and an amplifier
- 2 bass guitars and an amplifier
- 1 drum set
- 1 keyboard
- 2 CD-DJ turntables and a mixer
- various percussion instruments

With all these resources available, there are many activities that can be constructed to encourage other students curious about music to participate. Of course a drawback would be if there were not any staff members with musical abilities. Fortunately, there are a few musically talented members working at E³ who can conduct beginner activities with these instruments.

If staff members have their own unique instrument that they would like to introduce and use in an activity, they are encouraged to do so. I have used a theremin for an activity in the past. What is a theremin? Most people don't know. It is an electronic instrument that is played using a vertical and horizontal antenna to control pitch and volume. Chances are that you have heard a theremin if you have ever watched an old sc-fi or horror film. Using this instrument for an activity is always very successful. It introduces new vocabulary, history of the instrument, and gives students a chance to try a truly unique instrument.

Music activities can also give the student a chance to reverse their role and become a teacher to not only the staff but to other students, too. This can be very rewarding for the student. It lets them show their talent or knowledge of a musical instrument or topic and it gives them a chance to teach others using English.

- アコースティックギター 3 本
- エレキギター 1 本とアンプ 1 台
- ベースギター 2 本とアンプ 1 台
- ドラム 1 セット
- キーボード 1 台
- CD-DJ ターンテーブル 2 台とミキサー 1 台
- 様々なパーカッション

　こうしたリソースのすべてが利用可能なので、音楽に興味があり、楽器を弾いてみたい学生に参加を促すように構成されたアクティビティーが、数多く開かれています。もちろん、音楽ができるスタッフがいなければ、意味がありません。幸いなことに、E^3 には音楽の才能を持つメンバーが数人勤務していて、これらの楽器を使って初心者のためのアクティビティーを行うことができます。

　スタッフが紹介したいユニークな楽器を自前で持っていて、アクティビティーに使いたい場合は、そうすることが推奨されています。私は過去にテルミンをアクティビティーに使ったことがあります。テルミンって何でしょう？　ほとんどの人はご存知ありません。音程と音量をコントロールするために垂直と水平方向に伸びるアンテナを使って演奏する電子楽器です。古い SF 映画かホラー映画を見たことがある方は、テルミンの音を聞いたことがあるかもしれません。アクティビティーにこの楽器を使うと、いつも非常にうまく行きます。新しい語彙や楽器の歴史を紹介し、学生たちにこの真にユニークな楽器を試す機会を与える事ができるからです。

　音楽のアクティビティーでは、役割を逆転させて、学生が先生になってスタッフだけでなく他の学生に教える機会もあります。これは学生にとって非常に価値のあることになりえます。楽器や話題についての自分の才能や知識を示し、他の人に英語を使って教えるチャンスができるからです。

When E³ first got the CD-DJ turntables, no staff member really knew how to use them. I got out the manuals, tried, failed, and sounded horrible. After a little practice, I felt comfortable enough to try to do an activity to show the basics of how to use this instrument. During the activity, the students patiently listened to me talk about the instrument and give a short demonstration on how to use it. When I asked if anyone wanted to try, to my surprise one young man got up and gave everyone a much better idea on how to play it. This was a great opportunity for me to ask him to explain how he did certain things with the turntables to make them sound more musical, instead of sounding like a crying cat. In this case, it was not only rewarding for the student, but also beneficial for me, too.

E³が初めてCD-DJターンテーブルを手に入れたとき、その使い方をちゃんと知っているスタッフは誰ひとりとしていませんでした。私はマニュアルを引っ張り出し、試しては失敗し、ひどい音を立てていました。少し練習した後、この楽器の使い方の基礎を示すアクティビティーをしてみようという気持ちになりました。アクティビティー中、私はこの機械について説明し、使い方について短いデモを行いました。学生たちは我慢強く聞いてくれました。誰かやってみたいかと尋ねたとき、驚いたことに、ひとりの若い男子学生が立ち上がり、使い方について私よりもずっと素晴らしい考えを皆に語ってくれたのです。これは私にとって素晴らしい機会でした。猫の鳴き声ではない、より音楽的な音を生み出すためにターンテーブルをどう扱ったのかを、彼に訊いてみることができたからです。この状況では、その学生にとって価値のあることだっただけでなく、私にとってもためになることでした。

Music is an excellent way to encourage students to participate in activities. Less motivated students can be turned around because of similar music interests. Students can unknowingly learn new vocabulary by being shown how to play an instrument. Plus, these activities help students to step out a bit from their role as a student to teach others. I don't believe there is a more interesting way to help students learn English.

音楽は、学生にアクティビティーへの参加を促す素晴らしい手段です。モチベーションの低い学生も、同じような音楽への興味から、こちらを振り向くことがあります。楽器の演奏方法を見せてもらうことで、学生たちは知らず知らずのうちに新しい語彙を学ぶことができます。さらに、こうしたアクティビティーによって、学生としての役割からすこし踏み出させて、他の人に教えるようにすることもできます。学生達に英語を学ばせる方法で、音楽以上に面白い方法はないと信じています。

How Games Are Used at E³ to Encourage English

One of the main problems in teaching English in Japan is Japanese students' reluctance to speak English to other Japanese people. In a classroom situation, Japanese students generally don't use English until it is time to do a formal drill or unless the teacher speaks directly to them. This greatly hinders progress since the final goal for learning English should be communication, and even a sentence as simple as "Can I borrow a pencil?" can be applied in many situations outside the classroom.

Particularly with very low-level students, games can be an effective way to break down this reluctance. It is hard to see how saying "green" when playing Uno, instead of "midori" is such a big step, but it may in fact be the first time a lower level student has used English to meaningfully communicate something to another person.

We have found games useful in a variety of situations and for a variety of reasons:

- Students are often reluctant to even come to the E³ if they feel that it is going to be a chore or something resembling "English Class". Playing Uno, Jenga or Daifugo while eating lunch is fun, and if they have fun they will come more often. If they can be encouraged to use English during the game, all the better.
- If the students are having fun, then we find it much easier to engage them in conversation. The focus is on the game instead of the student who is answering the question, so any embarrassment is lessened.
- Some games, such as Monopoly, have many useful real life applications. Buying, selling or trading property, and using money are all easily

英語の使用を促すためのゲームの活用法

　日本で英語を教える際に生じる主な問題のひとつは、日本人の学生が他の日本人に英語を話したがらないということです。教室という状況では、日本人の学生は一般的に、正式な会話練習を行う時間か、教師が直接自分に話しかけるとき以外は英語を使いません。英語を学ぶ最終的な目的はコミュニケーションである以上、この状況は進歩を大きく妨げます。なぜなら、「鉛筆を貸してください」といったシンプルな文でさえ、教室外の多くの状況で使えるからです。

　特に非常にレベルの低い学生の場合、ゲームはこの「話したがらない」気持ちを打破する有効な方法になりえます。ゲームの「ウノ」をしているときに「緑」ではなく「グリーン」と言うことがいかに大きな一歩であるかを知ることは難しいですが、実際のところ低いレベルの学生が他の人に何か意味を持って伝えるために英語を使う初めての機会となりえるのです。

　私たちは様々な状況でゲームは有用であることを発見しました。その多様な理由は、以下の通りです。

- 学生は、面倒なことになったり、いわゆる「英語の授業」のようなものになると感じると、E^3に来ることすらいやになりやすい。ランチを食べながらウノやジェンガ、大富豪で遊ぶことは楽しい。そして楽しければ、もっと頻繁に来る。ゲーム中に英語を使うように仕向けることができれば、さらに良い。
- 学生が楽しんでいれば、彼らを会話に引き込むことがずっと簡単になる。焦点を絞るのはゲームであって、質問に答えている学生ではないので、気後れが少なくなる。
- モノポリーなどのゲームには、現実生活への応用が多く含まれている。財産を買ったり、売ったり、取引したり、お金を使うことはす

transferable English skills. Even a game as simple as "Go Fish" uses the "Do you have~?" sentence structure.
- Sometimes pretending to not understand the rules can be helpful as well. The students want to play the game, but can't start until everyone at the table understands the rules, including the native English speaker who uses 100% English. Therefore, they are forced to use English to explain the rules in order to begin the game. Even explaining the rules of simple card games can be quite challenging and very good English practice.
- Of course, we use games in our formal activities as well. A game such as "Find someone who . . . ." in which the students are forced to fan out across the E³ area and ask questions in English of other students, who aren't even involved in the game, can be very effective. General knowledge quizzes in a game-show format can be great fun. NOT giving a passport stamp to the student who loses the game, or speaks Japanese during the game, can add a real edge to the proceedings as well.

Simply put, games are a very effective tool used at E³ to promote English communication between Japanese people, as well as to give students a reason to come more often.

べて、非常に簡単に転用できる英語のスキルだ。「ゴーフィッシュ」くらい簡単なゲームでさえも「〜を持っていますか？」の構文を使う。
- ルールが分からない振りをすることが有益なこともある。学生はゲームをしたいが、100% 英語を使う英語のネイティブスピーカーを含め、席に付いた全員がルールを理解するまで始めることができない。従って、ゲームを始めるためにルールを英語で説明しなければならないことになる。簡単なトランプのルールを説明することですら結構難しくなる可能性があるので、非常に優れた英語の練習になる。
- もちろん、公式のアクティビティーでもゲームを使う。学生たちが E³ の敷地内で、ゲームに加わっていない他の学生に英語で質問をする「〜な人を探せ」などのゲームは、非常に有効になりうる。ゲーム番組形式の一般的な知識を問うクイズもとても楽しい。ゲームで負けた学生や、ゲーム中に日本語を話した学生にパスポートのスタンプを押さないことも、進行に本物のスリルを加えることができる。

簡単に言えば、ゲームは、日本人の間で英語のコミュニケーションを促進するため、そして学生たちにより頻繁に E³ に来てもらうために E³ で使用している非常に有効なツールなのです。

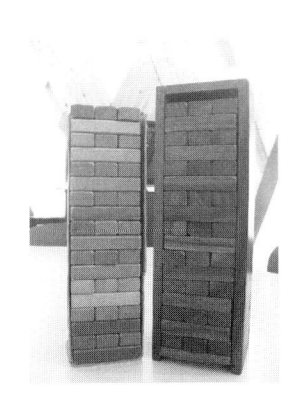

6. Classes and E³

6.1 E³ Activity Participation Report

Motivation is a large part of a language instructor's job. Trying to motivate students to feel a need to learn English, a desire to learn English, an interest to learn English can be a very real challenge. I believe that many students at Kinki University understand more English than they, for varied and complex reasons, are willing to let on. A seeming unwillingness to respond to teachers in the classroom is confounded by many social pressures.

A student's language ability learned at high school may well seem useless to them by the time they have passed the university entrance exam. Even possessing a reasonable command of English, they see little reason to develop their communication ability. For students to speak in a foreign language in front of large numbers of people when they have had only a little previous practice can be an extremely stressful situation for them. Their desire to speak English is further frustrated by grammar-based exercises in large classes of strangers. While they may have had reasonable ability at high school, they can soon lose any real desire to use English, any real desire to practice and enjoy learning. They need to be able to practice in small friendly groups such as those E³ provides before they deal with real world needs.

When E³ started some three years ago, I was one of the first to express

6. 授業と英語村
Classes and E³

6.1 アクティビティー参加レポート

　モチベーションは、外国語講師という仕事の大きな部分を占めます。学生に英語を勉強する必要性や英語を勉強したいという気持ち、英語を学ぶことへの興味を感じるようにモチベーションを持たせようとすることは、実際にとても難しいことにもなります。近畿大学の学生の多くは、様々で複雑な理由からでしょうが、自分で言っているよりもずっと英語を理解していると思われます。教室で先生の問いかけにあまり答えたくないと見えるのは、多くの社会的プレッシャーによって面食らっているだけです。

　学生が高校で身につけた言語能力は、大学の入試に合格したとたんに無用に思える気持ちもよく分かります。ある程度英語を使える能力があるにも関わらず、自分のコミュニケーション能力を伸ばす理由をほとんど見出していません。学生たちにとって、前もってあまり練習していないのに多くの人の前で外国語を話すことは、極めてストレスの強い状況になりえます。英語を話したいという気持ちは、知らない人だらけの大きな教室で文法重視の練習をすることで、さらに歯がゆい思いになります。高校ではそこそこの能力を持っていたかもしれないのに、英語を使いたいという心からの欲求を、練習して学習を楽しみたいという心からの要求を、すぐに失ってしまうことがあるのです。現実の世界のニーズに対処する前に、E³が提供するような少人数でなごやかに練習できるスペースが必要です。

　約3年前に E-cube が開設されたとき、私は最初にその成功に疑問を

doubt about its success. The amount of work and genuine selfless interest that would be necessary to encourage students to attend and participate in an English only environment was beyond my imagination. Happily, however, I have been proved wrong. Thanks to the tireless energy of the E^3 manager, and thanks to the good humored native English speaking staff, it has grown to be an ideal breeding ground for interest in learning English. I have spent many coffee hours in E^3 where I have observed students doing things that they simply would not be able to do in a classroom. Enjoying a warm social atmosphere that is an essential part of a student's desire for real communication, students come to view English in a more natural way.

Students, however, often hesitate to enter into strange places by themselves. They need an introduction, and the success of E^3 simply by students' word of mouth would be too slow and too select. In order to get students to at least experience the inside of E^3, the Passport system was introduced for first year students. More recently the daily activities have been in full swing and students can participate in them regardless of their English level. I wanted to connect these E^3 Activities to my regular class activities, but I needed a way to get all of my students to attend them.

In my second year Oral English 3 and 4 classes taught through the Department of Language Education, I conduct three tests, written, spoken, and hearing, the average scores of which go towards determining students' final grades. I decided to assign students to attend E^3 as an extra-curricular activity that was to be reported on in class. The report would be graded and would be part of their final grade. In the two months of the first semester, they were to attend one activity of their choice, write a one page (B5 sized paper) report to cover what they had done, what they had learned, (or not)

投げかけた数人の中の1人でした。学生たちを出席・参加させる英語オンリーの環境——その実現のために必要となる仕事量、そして一切の私心を捨てた貢献は、私の想像をはるかに超えたものでした。しかし、幸いにも、私が間違っていたことが分かりました。E^3マネージャーの疲れを知らないエネルギーのお陰で、そしてネイティブスピーカーのスタッフの陽気な手本のお陰で、英語学習への興味を育てる理想的な場所へと成長しました。私はコーヒータイムの多くをE^3で過ごし、教室では絶対できないであろうことをしている学生たちを眺めてきました。本物のコミュニケーションを望む気持ちの本質的な部分である、温かな雰囲気を楽しみながら、学生たちは英語をより自然にとらえるようになるのです。

　しかし、学生たちは自分から知らない場所に足を踏み入れることを躊躇することが多いものです。彼らには紹介が必要であり、学生の口コミのみによってE^3が成功しようとすることは、あまりにも時間がかかり、あまりにもえり好みが過ぎるかもしれません。学生たちに少なくともE^3の内側を経験させるために、一年生向けにパスポートシステムが導入されました。最近では、毎日のアクティビティーは活発に行われ、学生たちは自分の英語のレベルに関係なく参加することができます。私はこうしたE^3アクティビティーを自分の通常の授業活動に結び付けたいと思いましたが、自分の学生全員を参加させる方法が必要でした。

　私の2年生向けの通常のオーラルイングリッシュ3と4の授業は語学教育部を通して行われ、そこでは「書く」「話す」「聞く」の3つの試験を行います。これら試験の平均点は、学生の最終的な成績を決めるために使われます。私は授業で報告する追加カリキュラムアクティビティーとして、学生にE^3への出席を指示することにしました。レポートには成績が付けられ、最終成績の一部に組み入れられます。前期の2ヵ月（5月と6月）では、学生は自分が選んだアクティビティーひとつに参加し、自分がしたこと、学んだこと（または学べなかったこと）、ど

and how they had enjoyed it, (or not). It was made clear to the students that this report was to be handed in before the end of June and would constitute their written test.

Since students had something specific to write about, the reports I received back from them were interesting and well done. I believe the exercise provided students with something they could not get from just a classroom based activity. That is, out-of-class research with another native English speaker, and then experience in preparing a report about it to hand in to their language instructor. This provides basic experience in, what would be considered at a higher level, fact-finding work that entails doing some research, writing it up and giving an opinion on one's findings.

Many students noted to their pleasant surprise that E^3 staff were interesting, friendly, kind, and in some instances, handsome and pretty. Equally important, I believe it shows that the activities conducted at E^3 provide beneficial stimulus for students to participate more in their normal classroom lessons. It gives students a reason to take their studies of English in the classroom more seriously and to understand that they can learn grammar and vocabulary in the classroom, and then apply that knowledge of English practically at E^3.

My second semester students were assigned, during November or December, to attend one activity of their choice, write a one page report cover-ing what they did, what they learned, (or not) and how they enjoyed it, (or not).

Enjoyment, Education, English, coupled with Encouragement on the

のように楽しんだか（または楽しまなかったか）を1ページ（B5用紙）にまとめたレポートを書くことになっていました。レポートは6月末までに提出すること、これが筆記試験の一部となることを学生に対して明確にしました。

学生には何か具体的に書くことがあるため、彼らから受け取ったレポートは面白く、良くできていました。この演習が学生たちに教室中心の活動だけでは得られない何かを与えたと、私は信じています。それは、他の英語ネイティブスピーカーと教室外で行う研究であり、外国語講師に提出するレポートをまとめる作業をも伴います。この作業がより高度になると「事実調査」と呼ばれる調査になります。事実調査とは、調査を実施し、それを書いてまとめ、調査結果についての意見を述べるという作業であり、この演習は、事実調査の基礎的経験を行っているのと同じだからです。

多くの学生は、E^3スタッフが面白く、フレンドリーで、親切で、さらには、ハンサムや美人であると書いていました。これは、彼らにとっては楽しい驚きだったようです。同様に重要なのは、E^3で行われているアクティビティーが、通常の教室の授業にもっと参加しようと思わせるような有益な刺激を与えたことが示されている点です。教室では文法や語彙を学び、その英語の知識をE^3で現実に適用できることを理解する事で、教室での英語の勉強にもっと真剣に取り組む必要性が理解できるからです。

後期にも、学生は自分が選んだアクティビティーのひとつに参加し、自分がしたこと、学んだこと（または学べなかったこと）、どのように楽しんだか（または楽しまなかったか）を1ページのレポートを書くことを課しました。レポートは年末までに私に提出すること、これが筆記試験の一部となることは学生にとって明確です。私は結果について楽観的に考えています。

"Enjoyment"（楽しさ）"Education"（教育）"English"（英語）の3つ

part of native instructors' makes E³ an ideal place for students to become familiar with the many forms of English spoken in the world, and in all its enjoyable colloquial variations.

> **試験答案用紙**　年　月　日
>
> 科目名：economic 学部 economic 学科
> オーラルイングリッシュ2
> (担当教員) アボット
>
> I went to E-cube. I have seen dance event and eggs experiment event. In the being, I was interested in eggs event. And the event started. E-cube teacher had eggs and bottle. Then, her explanation was beginning to use a computer. I was asked by teacher. A teacher said "how did the egg enter the bottle?". But I said to "I don't know". The hole of the bottle was smaller than that of the egg. The teacher said us how to enter the egg in the bottle. I am too surprised. Because I don't think absolutely this method. And the teacher preparate a candle and fire. Then, the teacher sticked the candle into the boiled egg. And the teacher fired the candle. So, the teacher entered the egg of lighted candle in the bottle. Then, the boiled egg entered in the bottle in a moment. The teacher said it is air pressure. I was very surprised.
> Through this egg experiment event. I want to more go E-cube. I thought, I was going to try experiment to return the my home.

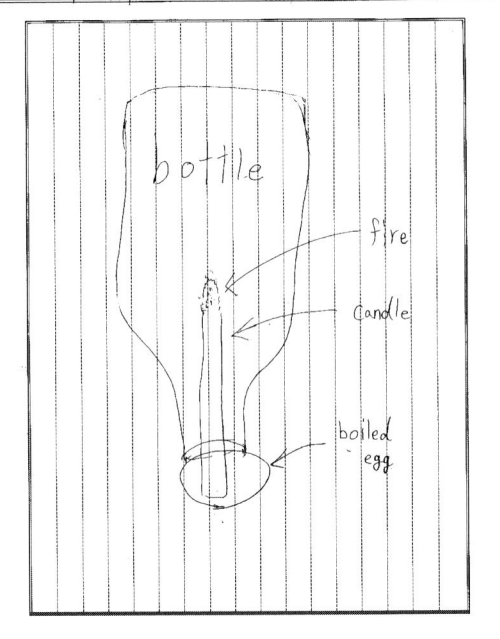

[Diagram labeled: bottle, fire, candle, boiled egg]

のEが、ネイティブスピーカー側の"Encouragement"（励まし）と組み合わされて、E^3は、学生が世界各地で話される数多くの形態の英語に、そして楽しい話し言葉の多様な形態のすべてに慣れるのに、理想的な場所となっています。

E^3

6.2 Mametan Gets a Passport to E³!

Hello! My name is Mametan, but you can call me Mame-chan. I live in the bushes outside Building 11 at Kinki University. You know the place—where all the Oral English classes are taught. Everybody around there knows me, and they're really nice.

In the spring, I sit on the cool grass under the open windows where I can study English with all the students. The teachers keep talking about a wonderful new building across campus. It's called E³ (E-cube). They said you could go there to find fun ways to practice real English with native speakers. At first, I was a little scared to go. You see, I'm a little shy and it's not my usual territory.

However, one day I was a little far from home when it started to rain. I had to run for cover. Nearby I could hear a lot of laughter, a guitar playing, and a person ordering a hamburger. They were speaking English! It was E³!

I poked my nose inside and discovered a magical place of games, activities, books, food, music, videos, and more! Students were coming inside with what looked to be a passport, showing it to a staff member, and sitting down to have a conversation using it. Well, you know what they say… "Curiosity killed the cat and satisfaction brought it back." I raced home bound and determined to find out all I could about it, so I could get in too!

6.2 豆炭（マメタン）、E³のパスポートをゲット！

　こんにちは！　私の名前は豆炭（マメタン）です。だけどマメチャンと呼んでくれて OK です。近畿大学の 11 号館の外の茂みに住んでいます。この場所を知っているでしょ。オーラルイングリッシュの全授業が行われるところです。そのあたりにいる人はみんな私を知っています。みんな本当に親切です。

　春には窓の外の冷たい草の上に座って、学生みんなと一緒に英語を勉強することができます。先生たちはキャンパスの向こうにある素晴らしい新しい建物についてずっと話しています。これは E³（e-cube）って呼ばれています。あそこに行けば、ネイティブスピーカーと本物の英語を練習する楽しい方法を見つけることができると言ってました。私は最初、行くのがちょっと怖かったです。だって、私は少し恥ずかしがり屋だし、いつもの私のテリトリーじゃないからです。

　だけどある日、雨が降り始めたときに家から少し遠いところにいたので、屋根を探して走らなければなりませんでした。近くでたくさんの笑い声や、ギターの音や、ハンバーガーを注文する人の声が聞こえました。彼らは英語をしゃべっていました！　それが E³ だったのです！

　私は首を中に突っ込んで、ゲームやアクティビティー、本や食べ物、音楽、ビデオ、さらに多くのものがある、魔法のような場所を見つけました。学生たちはパスポートのようなものを持って中に入って行き、スタッフにそれを見せ、腰をかけてからそれを使って会話をしています。ほら、よく言うでしょ……「好奇心が強いと痛い目にあうかもしれないが、それに値するものを得る」と。私は家に向って全速力で走り、それについて分かることすべてを見つけようと決心しました。私も参加するわ！

Purpose of the Passport to E³

Sitting under the window at home I learned that all freshman are supposed to get a *Passport* and do homework from it; usually in their Oral English classes. This required assignment is generally the first contact students have with E³. In fact, for many first-year students, this may be the first one-on-one contact students ever have with native speakers. Like me, they are shy, lack confidence, and don't want to make mistakes. Understandably these students would hesitate to enter the all-English atmosphere of E³. The *Passport* provides guided English practice in order that students feel as relaxed and comfortable as possible during their first tentative conversations.

Once students have obtained a certain conversational proficiency and confidence at the freshmen level, the Passport is used by sophomores as a fun record of the task-based activities they have completed in the form of realistic visa stamps. I heard teachers of all levels suggesting students participate in activities if they were in need of extra credit, had missed some classes, or were just eager to practice spoken English. This sounded like fun! Now I had to find out how to get myself a Passport!

E³ Passport Application Procedures

I discovered that on the first or second day of class teachers pass out an Eigo-Mura No Koto booklet and an Application for an E³ Passport. The booklet contains all kinds of useful information regarding E³. It explains to the students in Japanese lots of great things about E³—like what the rules of the basketball court are, what is on the café menu, and my favorite, what the Passport is and how to use it!

The application is a realistic form that provides an authentic set of tasks

E^3のパスポートの目的

　私は家の窓の下に座りながら、通常はオーラルイングリッシュの授業で一年生全員がパスポートを手に入れて、課題をすることになっていることを知りました。この課題は一般的に学生がE^3に始めて接触する機会です。実際、多くの一年生にとって、初めてのネイティブスピーカーと一対一の接触になるかもしれません。私と同じく彼らは恥ずかしがり屋で自信がなく、間違いをすることが嫌いです。当然のことながら、学生たちはE^3の英語オンリーの雰囲気に足を踏み入れることを躊躇するでしょう。パスポートには、学生たちが初めての英会話挑戦でできるだけリラックスして落ち着けるように、説明付きの英語練習が書かれています。

　学生たちが一年生レベルで一定の会話能力と自信を得た後、二年生は、まるで本物のようなビザのスタンプが押されたパスポートを参加したアクティビティーの楽しい記録として使います。先生たちは、どのレベルでも、追加の単位が必要な学生、いくつかの授業を取り損ねたりした学生、もしくは、英会話の練習に熱心な学生に、アクティビティーに参加することを勧めていると聞きました。とても楽しそうに聞こえます！　さて、私がパスポートを手に入れる方法を見つけなければ！

E^3パスポート申請手順

　私は授業の第一日か第二日目に先生が『英語村のこと』という小冊子と「E^3パスポート申請書」を配っているのを見つけました。小冊子には、E^3に関するあらゆる種類の役立つ情報が含まれています。E^3についてのたくさんのすばらしいことを日本語で学生に説明しています。例えば、バスケットボールコートの規則はとか、カフェのメニューには何が書かれているかとか、私の大好きな「パスポートとは」とか、それを使う方法などが書かれています。

　申請書は、実際の書類形式で、将来学生たちが英語で書く必要がある

E-cube

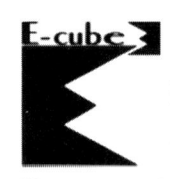

Kinki University - The Village
APPLICATION FOR AN E³ PASSPORT

WARNING False statements made knowingly and willfully in passport applications, including affidavits or other supporting documents submitted therewith, are reported to the Office of General Affairs at Kinki University.

CONFIDENTIAL All information in this document is strictly for the use of The Village - E³.

When completing this form, PRINT IN BLUE OR BLACK INK ONLY.

1. Name of Applicant		2. Date of Birth (mm-dd-yyyy)
Last	Suffix (Jr., Sr., III)	
First	Middle	

3. Sex	4. Place of Birth (City & Prefecture OR City and Country)	5. Student Number
☐ M ☐ F		

6. Height	7. Hair Color (Optional)	8. Eye Color (Optional)	9. Occupation
Feet ___ Inches ___ Centimeters ___			

10. E-Mail Address (Optional)	11. Mailing Address		
	House Number and Street / Post Office Box		Apartment Number
	City	Prefecture	ZIP Code

12. Permanent Address or Residence (If same as mailing address write "Same as Above")

House Number and Street / Post Office Box		Apartment Number
City	Prefecture	ZIP Code

13. Home Phone (Optional)	14. Cellular Phone (Optional)
(___) ___ - ___ (Area Code)	(___) ___ - ___ (Area Code)

15. Have you ever been issued an E³ passport? (If yes, complete the remaining boxes in block #15.)
☐ YES ☐ NO

Name in which your most recent passport was issued	Status of recent passport ☐ Returned ☐ Stolen ☐ Lost ☐ Other _____
Most recent passport number	Approximate date your most recent passport was issued or date you applied (mm-dd-yyyy)

_____ _____ _____ _____ _____
Applicant's Signature   Date   E³ Representative or Teacher Signature Date   E³ Stamp

授業と英語村　153

similar to what students may encounter in English in their future. Teachers can either help students fill out the application in class or assign it as homework with the Eigo-Mura No Koto booklet to use as reference.

Practical points are encountered when filling out the form. For example, the application form must be filled out in blue or black a pen, as a real passport application form would be. Also, we Japanese don't have a middle name. I learned to put a dash in empty spaces like that so no one thinks I forgot it. I didn't know how to properly sign my name, but before I could ask the teacher for help the bell rang. This is all part of the real English that E^3-related tasks and activities are packed with.

Language points, too, are common. My eyes are bright yellow, but most of the students' eyes are dark brown. Instead they wrote in 'black' eye, which I learned can mean a bruised eye. I learned all kinds of vocabulary, which now makes sense and I can remember because I used it in context!

After the passport application has been completed, checked, and signed by the teacher, the student takes it to E^3 during the time assigned to his or her class. Properly filled out applications are then stamped by an E^3 staff member and submitted in exchange for a new *Passport*. Students take a moment then to fill out the first page with their name, birth date, student number, etc. I still had a hard time with my signature, but now I have my very own E^3 Passport!

E³ *Passport* Freshmen Assignment Procedures

Because there are so many of us who are using the *Passport*, every class day is given its own 2-week period in which we must do our assignments. Students can go anytime except during lunch, when the staff gets too busy.

と考えられる記入事項を含んでいます。教師は、授業で学生が申請書に記入することを助けることもできますし、宿題として『英語村のこと』を参考に申請書を記載させる事もできます。フォームに記入するときに、現実的なポイントが浮かび上がってきます。例えば、実際のパスポート申請書と同じように、この申請書も青か黒のペンで記入しなければなりません。また、日本人にはミドルネームがありません。書き忘れたのだとは誰にも思われないように、このような空欄にはダッシュを入れることを学びました。自分の名前を適切にサインする方法を知りませんでしたが、終業のベルが鳴る前に先生に助けを求めることができました。これはすべて、E^3関連の作業やアクティビティーが詰め込まれた、本物の英語の一部です。

　言語の点においても共通です。私の目は明るい黄色ですが、ほとんどの学生の目の色は暗い茶色です。しかし、彼らは目の色は「黒」と書きます。これは「あざができた目」を意味することを学びました。あらゆる種類の語彙を学びました。文脈の中で使ったからこそ、今、意味を理解でき、覚えることができたのです。

　パスポート申請書を書き終えて、先生のチェックとサインが済んだら、学生は自分の授業に割り当てられた時間中にE^3に持ってきます。正しく記入された申請書にはE^3スタッフによってスタンプが押され、その提出された書類の代わりに新しいパスポートが交付されます。学生は少し時間を割いて最初のページに自分の名前と誕生日、学生番号などを記入します。私にとってまだサインを書くことは難しいけれど、自分のE^3パスポートを手に入れました！

E^3パスポートの一年生のための課題手順

　パスポートを使っている人はとても多いため、各クラスにそれぞれ2週間が割り振られており、この2週間で課題をしなければなりません。学生たちは、スタッフがあまりにも忙しいランチタイム以外ならいつで

I chose the period given to the Friday classes, because I have my eye on a student who always brings a tuna fish onigiri. . . . If I play my cards right, I'll get myself a tasty snack. Here I go! Wish me luck!

While I was waiting in the back garden of E^3 for the student, I flipped through my new treasure, past all the empty *Visa* pages that I knew would soon be full of activity stamps, to our first of six possible topics to page 14, *Getting Acquainted*. I noticed the shape, color, design—down to the paper stock—resembled a real passport! Yawn! Excuse me! This warm sun is making me sleepy. . . . Zzz. . . .

What's that?! Do I smell tuna fish? Oh, sorry. I must have taken a catnap. Anyway, the student is here, and his backpack is open on the ground. If I can only get to it… He won't notice me because he is starting his assignment. Before students have a conversation with a staff member, they must create original questions about the topic for the first five guided questions. For example, "Please tell me about ____." and "Can you _____?" Only after this step can they get their turn. Sometimes they have to wait in line because each 10-minute conversation has a maximum of five people. That gives enough time for each person to ask at least a few of their original questions and one each of the prepared questions, six through ten.

も行くことができます。私は金曜日のクラスに割り当てられた期間を選びました。いつもツナおにぎりを持ってくるひとりの学生に目をつけているからです。トランプで勝てば、美味しい軽食が手に入るわけ。さあ、行くわよ！幸運を祈ってね！

　E³の裏庭でその学生を待っている間に、新しい宝物をパラパラとめくってみました。今は何も記入されていないビザのページは、すぐにアクティビティーのスタンプでいっぱいになることは知っていました。このページの後には14ページに、6つの話題の最初のトピックとして「知り合いになる」がありました。私は、この形や色、デザインが、さらには用紙にいたるまで、本物のパスポートそっくりなことに気付きました！　ふわぁ〜。ごめんなさい！　暖かい日光で眠くなってしまいました。むにゃむにゃ……。

　あれはなに？　ツナのにおい？　うたた寝をしてしまったみたい。とにかくあの学生がここに来て、バックパックは地面に置かれていて、口が開いています。手を伸ばしさえすれば……。彼は課題を始めたので私には気付いていません。学生たちがスタッフと会話をする前に、最初の5つのヒント付きの質問について、話題に基づいた独自の質問を作らなければなりません。例えば「〜について話してください」や「〜できますか？」などがあります。この段階を経てはじめて、自分の番が来ます。各10分間の会話には最大5人までしか加われないため、並んで待たなければならないときもあります。こうすることで、それぞれ自分の独自の質問のうち少なくとも2〜3問と、6から10までの既存の質問からそれぞれ1問ずつを訊く時間が持てます。

Back in the classroom, teachers explain that at the back of the Passport are four pages to assist them with language. Two pages are a list of Useful Expressions, which have been categorized into functions like Permission, Greetings, and Obligation. The third page reminds students of basic Sentence Patterns such as SVO and SVC. The last of the four pages is a Question Patterns chart for grammatically correct question formation, which is especially helpful for the freshmen assignment.

Now, that assignment is meant to be a listening/speaking activity, so pencils down! Maybe writing a new word down on the Notes pages in the back or one or two keywords for an answer is okay, but talk! Eye contact and a friendly conversational atmosphere around the table is encouraged. Darn! I wasn't paying attention! I didn't get my questions written and the backpack with the tuna is moving to the designated Passport table. They won't notice if I follow them, will they?

STAMP! Well, that was nice. Everyone got to ask a few questions and the staff member asked everyone questions right back! I wasn't expecting that! It really was like a conversation! It was so easy! The ten minutes passed, then the staff member stamped everyone's *Passport* on the homework page, which then gets shown to the regular English class teacher to be graded. I can do that! I can't wait till it's my turn! Wait! Where's my tuna fish going?! It's going over to the activities corner. Why?

教室に戻ると、先生がパスポートの後ろの4ページに英語のヒントが書かれていることを説明しています。2ページは「便利な表現」のリストで、「許可」「あいさつ」「義務」などの機能別に分類されています。3ページ目では、学生がSVOやSVCなどの基本文型を思い出せるようになっています。最後の4ページ目は、文法的に正しい質問をつくるための「質問パターン」の表で、特に1年生の課題に役に立つページです。

　さて、課題はリスニングとスピーキングのアクティビティーになるようにつくられています。では、鉛筆を置いて！　たぶん、裏の「メモ」のページに新しい単語を書き取ったり、答えに使う1つか2つのキーワードを書き留めるだけならOKだけど、とにかく話しましょう！　アイコンタクトを取って、テーブルの周りではフレンドリーな対話をするための雰囲気を醸し出しましょう。しまった！　うっかりしていた！　質問を書いてきていないし、ツナの入ったバックパックは指定されたパスポートデスクに向かっています。私が追いかけても気付かないわよね？

　スタンプ！　そうねー、これはよかったわ。いくつか質問をする機会が全員にあって、スタッフも全員にすぐに質問を返していました！　これは期待していなかった！　本当に会話みたい！　とっても簡単！　10分が過ぎると、スタッフは全員のパスポートの課題ページにスタンプを押しました。これを通常の英語の授業の先生に見せて、成績の対象としてもらいます。私にもこれができるのね！

E³ Passport Visas

Yum! Do I smell cookies? Yes, I was right! Chocolate and peanut butter—and they are making them right here. Each student has a recipe and the staff member is explaining the difference between English measurements and metric measurements! A quiz? "Where does chocolate come from?" Hmm. The convenience store? Holland? Hershey, Pennsylvania? Okay, I'm not going to win the quiz, but I just might learn something! And, we can eat the cookies?! Yeah!

This must be the Daily Activity! While the six question-formation and conversation topic pages are reserved for first-year students, any student can come in for any activity that suits them to receive an Activity Stamp on their *Visas* page. Of course, they must fully participate and cannot sleep or talk on their cell phones. Most of the students are speaking English—well, it's not perfect, but no one seems to mind!

自分の番まで待てないわ。待って！　私のツナはどこに行くの？　アクティビティーコーナーに向かってるわ。なぜ？

E³パスポートビザ

　んん？　クッキーのにおい？　そのとおり！　チョコレートとピーナツバター。クッキーをここで作っているわ。生徒がそれぞれレシピを持って、スタッフは英語のインチ法とメートル法の違いを説明している！

　クイズ？　「チョコレートはどこから来たのでしょう？」うーん。コンビニ？　オランダ？　ペンシルバニアのハーシー？　ええっと、クイズには勝てないけど、何かを学べるかもね！　それに、クッキーが食べられるし！　ねえ！

　これは「デイリー・アクティビティー」に違いないわ。6つの質問作成と会話の話題のページが1年生のために取ってあるので、学生なら誰でも、自分に合ったどんなアクティビティーにも来ることができて、ビザのページに「アクティビティー・スタンプ」を押してもらうことができます。もちろん、しっかり参加しなければならないし、寝たり、ケータイで話したりすることなどできません。学生のほとんどが英語を話しています。うん、完璧ではないけれど、誰も気にしてないみたいだし！

Passport Rules and Reminders

Having a Passport is fun and easy.

- If students lose theirs, they can get a new one by going to E^3 and applying for a new one. Easy as 1-2-3.
- With so many students, it's important to follow the class schedule.
- No lunch time conversations—that's when everyone wants to come!
- Maximum 5 students for 10 minutes with a 5-minute break in between—the staff needs a break, too!
- Freshmen must complete the guided questions before their conversations.

Students don't have to have a Passport to use E^3. They come in all the time to read English manga, order in the café, have fun at the big events, meet friends, and just hang out. The Passport just serves to help those who may be a little shy at first make that first step. Give it a try! It's English! It's Enjoyment! It's Education!

Now if you'll excuse me, while my student friend is having so much fun eating his cookie, I'm finally going to steal his tuna fish! Bon appetite!

パスポートについての規則と注意事項

パスポートを持つことは楽しく簡単です。

- パスポートを紛失したら、E^3 に行って、新しいパスポートを申請すれば、新しいものがもらえます。1、2、3、くらい簡単。
- 生徒がとても多いため、授業のスケジュールに従うことが大切。
- ランチタイムの会話は禁止──誰もが来たい時間ですから。
- 最大5人の生徒で10分の会話。間の休憩は5分。スタッフも休憩が必要だから。
- 1年生は、会話に加わる前にヒント付きの質問を完成させておくこと。

E^3 を利用するためにパスポートを必ず持参する必要はありません。いつでも来て、英語のマンガを読んだり、カフェで注文したり、大きなイベントを楽しんだり、友達に会ったり、単にたむろしたりすることができます。パスポートは少し恥ずかしがり屋な人が第一歩を踏み出せるように最初に助ける目的のものです。やってみましょう！　英語です！　楽しいです！　教育です！

もし許していただけるなら、学生の友人があんなにも楽しそうにクッキーを食べている間に、ついにツナを頂戴しようと思うの！　どうぞ召し上がれ！

Mametan's Tips for Real English—the Natural Approach!

The difference between being a language learner and a language user!

English Study	Using Natural English you can...	
In classroom With textbook	At E^3 —英語村！ With native speakers	→ Become a language user
Focus on accuracy	Focus on fluency	→ Become communicative
Use only prearranged language	Use learner-centered language	→ Practice language meaningful to you
Be without context	Be in natural situations and tasks	→ Learn real vocabulary and expressions
Use small sample of whole language	Experience unpredictable language	→ Practice conversation strategies and pace

本物の英語のためのマメタンからのヒント——自然なアプローチ！

言語学習者と言語使用者の違い

英語学習	自然な英語を使うと、以下のことができます……。		
教室で教科書を使用	E³ – 英語村では！ネイティブスピーカーと海外旅行	➔	言語使用者になる
正確さが重要	流暢さが重要	➔	話好きになる
あらかじめ決められた言葉を使う	学習者中心の言葉を使う	➔	自分にとって意味のある言葉を練習する
文脈がない	自然な状況のもので、作業をする	➔	本物の語彙と表現を学ぶ
言語全体の中から少数の例文を使用	予測できない言語を経験する	➔	会話の方法とペースを練習する

7. What Can We Do for Our Society?

7.1 E³'s Priceless Volunteers

Introduction

"That's a cool building!"

When people come to Kinki University, one of the first things they see when they pass under the massive arch to enter the campus is a building called E³. It's hard not to notice the originality of this fabulous cubed structure. Its unique shape, tall glass walls and thick wooden beams are eye-catching to say the least. But it is not the structure itself that has brought close to 300,000 students and visitors through its doors in just three years. The success of this facility is a result of the dedicated players who give E³ its truly distinct shape. One large player contributing to E³'s success is the hardworking group of student volunteers in the E³ Club. Eleanor Roosevelt once said, "When you cease to make a contribution, you begin to die."[1] If this is true, E³ Club student volunteers are definitely full of life and are unquestionably helping E³'s contribution to English education at Kinki University.

Becoming a E³ Club Student Volunteer

Do I have to take an English test? No! Do I have to attain a certain level of English proficiency? No! Joining the E³ Club is relatively easy. Students

7. 地域社会への貢献
What Can We Do for Our Society?

7.1 　貴重なボランティアたち

はじめに

　「あの建物かっこいい！」

　近畿大学に来たときに、キャンパスに入るために大きなアーチの下をくぐって最初に見るもののひとつは、E^3 と呼ばれる建物です。この素晴らしい立方体構造のオリジナリティには気付かざるを得ません。ユニークな形と高いガラス壁、木の太い梁は、控えめに言ったとしても目立ちます。しかし、わずか3年で30万人に近い学生とビジターをそのドアの中に呼び込むことができたのは、この建物のおかげだけではありません。この施設の成功は、E^3 に本当の意味で他とは異なる形を与えた、熱心なプレイヤーたちの努力の賜物です。E^3 の成功に大きく貢献したプレイヤーのひとつは、E^3 クラブの働きものの学生ボランティアグループです。エレノア・ルーズベルトはかつて、「貢献を止めたとき、死に始めている」[1]と言いました。これが正しければ、E^3 クラブの学生ボランティアは間違いなく活気に満ち溢れ、疑いなく近畿大学の英語教育に対する E^3 の貢献を助けています。

E^3 クラブの学生ボランティアになるには

　英語のテストを受けなければならない？　いいえ！　一定レベルの英語力に到達していなければならない？　いいえ！　E^3 クラブに入るこ

just need a willingness to donate time, energy and their talents to expand and improve the E^3 services for other students and visitors. In addition to a willingness to help others, volunteers should possess a strong desire to improve their own English communication skills and grow as a team player and as an individual. Students who feel they can contribute and make a commitment are asked to sign a contract promising to follow E^3's rules and regulations. A few of these rules include showing up for their scheduled shift(s) on time, following the facility's English-only policy, asking staff members when they have doubts, and greeting and initiating conversations with other students. After agreeing to these rules, the E^3 manager adds their name and contact information to the student volunteer list and then the fun begins!

E^3 Club: Quantity and Quality

At the time of this publication, E^3 Club had a list of fifty members with a relatively equal gender and age representation. Of these fifty, twenty-two of them were considered active volunteers, helping out at least once a week, while the remaining students were partially active, donating their time sporadically. As should be expected, the total number of student volunteers, both partially active and active, changes on a regular basis. These changes are a result of new volunteers signing up and others deciding to limit or quit their volunteering duties for reasons such as part-time job commitments, job hunting or graduation. Although the quantity of volunteers is continuously changing, the quality of their assistance is second to none and has remained so since the inception of the E^3 Club in 2007.

とは比較的簡単です。学生に必要なのは、他の学生やビジターのためにE³のサービスを拡大し、改善するため、時間とエネルギーと能力を奉仕しようとする気持ちだけです。他者を助けようとする気持ちに加えて、ボランティアには自分の英語のコミュニケーションスキルを伸ばし、チームプレイヤーとして個人として成長しようとする強い気持ちが必要です。貢献し、コミットメントすることができると感じる学生には、E³の規則や規定を守ることを約束する契約書に署名することが求められます。こうした規則のいくつかには、スケジュールに組まれたシフトに時間通り出席すること、施設の英語オンリーの方針を守ること、疑問があるときはスタッフに尋ねること、他の学生と挨拶し、会話の口火を切ることなどが含まれます。この規則に合意した後、E³マネージャーは、彼らの名前と連絡先情報を学生ボランティアリストに加えます。そして、お楽しみが始まります！

E³クラブ：数と質

この本の原稿を書いている時点で、E³クラブには50人のメンバーがおり、性別と年齢層は比較的均等になっています。50人のうち22人がアクティブなボランティアと考えられ、少なくとも週に一度参加しています。残りの学生は部分的にアクティブで、時々時間を奉仕してくれています。予想されるとおり、部分的にアクティブな学生ボランティアとアクティブな学生ボランティアの総数は、定期的に変動します。この変化は、署名する新しいボランティアがいる一方で、アルバイトや就職活動や卒業などの理由で、ボランティアの仕事を制限したり止めようと決心する学生がいる結果です。ボランティアの数はいつも変動していますが、彼らの助力の質はどこにも負けず、2007年のE³クラブの開設以来ずっとその質を保っています。

The Contribution of E³ Club Volunteers

E³ Club members assist in various ways. On most days, the volunteers are busy greeting and initiating conversations with other students, aiding in the completion and processing of passport questions, playing games with other students, and helping native English speakers with various activities. During large events such as concerts, contests and parties, volunteers play a huge role in the preparation process as well as the cleanup. They are part of a team that has made E³ a great place for students to enjoy English, and their unwavering contribution and commitment to English education is priceless!

The Benefits of Joining the E³ Club

It is easy to see that E³ Club members make a meaningful contribution to the success of E³, but how is this contribution benefiting the volunteers? Let's ask some of them and find out!

"Becoming a student volunteer has helped me to improve a number of skills that I'm sure I will use when I get a job in the future. I think my English conversation skills and communication techniques have improved. Being a volunteer has also given me an opportunity to play a leadership role."

(Kawori Miyazawa, Sophomore)

"Volunteering at E³ has given me a chance to learn more about different cultures and work closely with people from many countries. I feel more confident using English now." (Aika Tanaka, Sophomore)

E³ クラブのボランティアによる貢献

　E³ クラブのメンバーは、様々な方法で活動を支えます。ほとんどの日には、ボランティアたちは他の学生に挨拶をし、会話を始め、パスポート・クエスチョンの完成と処理を助け、他の学生といっしょにゲームをし、様々なアクティビティーで英語のネイティブスピーカーを助けるのに忙しく過ごします。コンサートやコンテスト、パーティーなどの大きなイベントの期間中は、ボランティアたちは準備プロセスや清掃に大きな役割を果たします。彼らは、E³ を学生が英語を楽しむための素晴らしい場所にしたチームの一部であり、英語教育に対する確固とした貢献とコミットメントはプライスレスです！

E³ クラブに加わるメリット

　E³ クラブのメンバーが E³ の成功に意義ある貢献をしていることは容易にわかります。しかし、この貢献はどのようにボランティア個人のメリットとなっているのでしょうか？　彼らの中から数人に尋ねてみて、答を探して見ましょう！

　　「学生ボランティアになったことで、多くのスキルを向上させることができました。これは、将来仕事に就いた時に必ず使うようになるスキルです。私の英会話スキルとコミュニケーション技術は向上したと思います。ボランティアになって、リーダーの役割を果たす機会も得ることができました。」

　　　　　　　　　　　　　　　　　　　　（ミヤザワ　カヲリ・2年）

　　「E³ でボランティアをしたことによって、異文化について学び、多くの国々からの人たちと一緒に親しく働く機会を得ました。今では英語を使う自信も付いてきました。」

　　　　　　　　　　　　　　　　　　　　（タナカ　アイカ・2年）

"Joining the E³ Club has helped me learn new English expressions, information about other countries, and it has also helped me to open up as a person. At first it was difficult to start conversations with students I didn't know, but I think I have improved. I'm sure this experience will help me in my future job." (Saori Sawai, junior)

Being a member of E³ Club provides the volunteers with many benefits. It not only helps them to learn or develop new skills, but also gives them a sense of achievement, boosts their career options, helps them find new interests and hobbies, gives them an opportunity to meet a diverse range of people and opens doors to opportunities off campus.

Winds Will Blow!

Students who have joined the E³ Club have not only made a contribution to E³ but also a contribution to their own lives. It is common for most individuals to take the road that requires the least work, but just by joining, the E³ student volunteers have taken a chance down the road less traveled in hopes of gaining positive results. Author Frank Scully once said, "Why not go out on a limb? Isn't that where the fruit is?"[2] In the summer of 2007, ten E³ Club members reaped the fruits of their commitment when they were chosen to be volunteers for the 11th IAAF World Championships in Athletics in Osaka. For two weeks, these ten E³ Club members helped out with translation, mass media and cleaning. This opportunity was a wind they couldn't predict, but their sails were up and ready!

「E³クラブに参加したことで、英語の新しい表現や他の国についての情報を学べるようになりました。また1人の人間として可能性を開く助けにもなりました。最初は、知らない学生と会話を始めることが難しかったのですが、うまくできるようになったと思います。この経験は、将来仕事に就いたときに必ず役に立つと思います。」

(サワイ　サオリ・3年)

　E³クラブのメンバーになることで、ボランティアたちは多くのメリットを得ています。新しいスキルの習得や開発を助けるだけでなく、達成感を得たり、キャリアの選択肢を増やしたり、新しい興味や趣味を見つけたり、様々な人々に会う機会を得たり、キャンパスの外の機会への扉を開いたりもしています。

風は吹く！

　E³クラブに加わった学生は、E³に貢献するだけでなく、自分たちの生活にも良い影響を得ています。ほとんどの人は、苦労の少ない道を選ぶことが一般的です。しかし、E³の学生ボランティアたちは、E³に加わることによって、良い実りを求めて、あまり人の選ばない道を進むというチャンスを掴んでいます。作家のフランク・スカリーはかつて、「危険を冒してみないか？　果実が実っているのはそこではないのか？」[2]と語っています。2007年夏、E³クラブから10人のメンバーが、彼らのコミットメントの果実を収穫しました。第11回IAAF世界陸上競技選手権大阪大会のボランティアに選ばれたのです。2週間にわたって、この10人のE³クラブメンバーは、通訳やマスメディア対応、清掃を手伝いました。この機会は、予想できなかった風でした。しかし、彼らは帆を揚げて、航海へ乗り出す準備も整っていたのです！

Conclusion

When we think of perfect matches, many combinations come to mind! We may think of movie popcorn with butter, Batman and Robin and peanuts and beer, but one we shouldn't forget is E^3 and its student volunteers. It is obvious that both E^3 and the student volunteers benefit greatly from this wonderful relationship. This is a priceless combination that will keep the wind blowing and bear fruit for years to come.

"Volunteers aren't paid, not because they are worthless, but because they are priceless." [3]

Notes
1. http://www.quotedb.com
2. http://www.world of quotes.com
3. http://www.finestquotes.com/select_quote-category-Volunteering-page-0.htm (author unknown)

おわりに

　完璧な相性を考えるとき、多くの組み合わせが頭に浮かびます。映画館のポップコーンとバター、バットマンとロビン、ピーナッツとビールなどなど。しかし忘れてはならないのは、E³とその学生ボランティアです。E³と学生ボランティアの両方が、この素晴らしい関係から大きなメリットを得ていることは明白です。これは、風が吹き続け、今後数年にわたって果実を実らせる、プライスレスな組み合わせです。

　「ボランティアには賃金が支払われない。それは、彼らに価値が無いからではなく、彼らがプライスレスだからだ」[3]

注
(1) http://www.quotedb.com
(2) http://www.world of quotes.com
(3) http://www.finestquotes.com/select_quote-category-Volunteering-page-0.htm
　　（著者不明）

7.2 英語プレゼンを経験して

 2年前の夏（2007年8月）、英語村の「ビジネス英語プログラム」でまさか自分が英語でのプレゼンをするとは夢にも思っていませんでした。今、思うと大変貴重な体験をさせていただいたと関係者の皆様に改めて深く感謝いたしたいと思います。

 この「ビジネス英語プログラム」のねらいは社会貢献もありますが、それ以上に英語村の素晴らしさを直接企業の皆様に体験していただき、少しでも学生の採用・就職に繋げられたらということでした。

 企業の方々をお迎えするための役割分担として、会話などのプログラムは英語村スタッフやネイティブが担当し、企業へ案内文書発送、受付を当時私が所属していた就職部（現キャリアセンター）が行いました。全国約1000社の企業の人事・教育担当者の皆様へ案内文書を送付いたしましたが、その時正直ほとんど参加はないものと思っていました。なぜなら、この不況で厳しいときに英会話の勉強で出張許可を取るのは難しいだろうと思ったからです。ところが受付が始まると東京や九州も含め36人のビジネスパーソン達から申込みがあったことには大変驚きを感じました。

 当日のスケジュールの中に就職部が行う「大学紹介プレゼン」も入っていたので、私は当然のことのように日本語で準備していました。「大学紹介プレゼン（就職部のキャリア教育への取り組み）」は日常的にやりなれているので、苦もなくやれる自信がありました。しかし本番直前になり「当日は全て英語で行ってほしい」との村長北爪先生からの指示があり事態は急変しました。あわてて英語村スタッフ岩下さん達に英訳を依頼し急遽、英文原稿が完成しました。そして約2時間かけて英語村スタッフとネイティブから発音・強弱・ブレイク・目線等にわたって猛特訓を受けました。かなり厳しいが温かい指導のおかげで、初めは英語原稿の棒読みだったものが何とかスムーズに英語で話せるようになりました。

もちろん英語でのプレゼンは生まれて初めての経験ですし、企業の皆様やネイティブの前なので緊張し、冷や汗もかなりかきましたが、皆様のおかげで何とかやりとげることができました。あの時の猛特訓と本番の緊張体験は強烈な思い出として残っています。

Internship

We consider internship as one of most vital elements in our career planning for students. We think that the students can learn a lot about their future career a through on-the-job experiences.

Number of students who are participated in the internship program

621 students

Number of the companies and organizations which accepted internship students.

468 enterprises in 2006

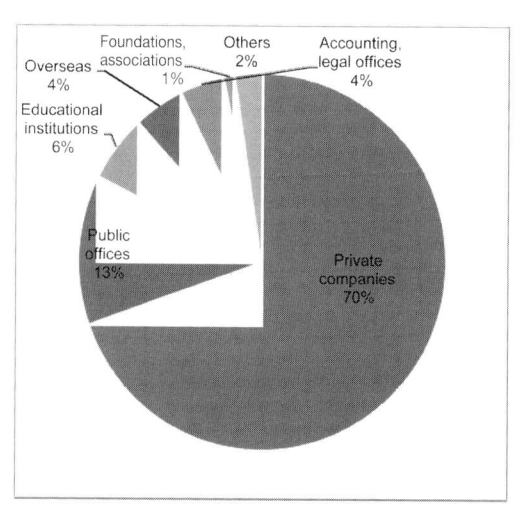

- Overseas 4%
- Foundations, associations 1%
- Others 2%
- Accounting, legal offices 4%
- Educational institutions 6%
- Public offices 13%
- Private companies 70%

終了後のアンケートで、「就職部の方の対応も英語でスムーズでした」とあるのを読んでやってよかったと思いました。そしてもし私が英語でなく日本語で説明をしていれば、この「ビジネス英語プログラム」が一貫性のあるものにならなかったと当初の自分の甘さを反省しています。

7.3 開かれた大学 〜 一般公開 〜

「Keikoさん、今年も来ちゃった！」

笑顔のご婦人が、ドアに立っておられます。私の答えはいつも同じです。

"Welcome back! But please speak in English!!!"（久しぶりです！　でも英語で話して下さいね！）

すると彼女もいつも同じ答えです。

"Sorry! How have you been?"（ごめんなさい！　お元気でしたか？）

普段、英語村に入れるのは、「近畿大学の学生、教職員またはその同伴者」のみですが、大半の学生にとって大学がお休みになる、春・夏休みであれば、16歳以上の方は、どなたでも利用できます。（年間約10週間。詳細はホームページに載せています。）

英語村が一般公開を始めたのは、2007年2月からです。2009年11月現在で夏休み、春休みに一般公開に参加された一般の方は延べ15,000人以上に上ります（高校見学会などは除く）。参加者は様々です。家が近くだからと来る高校生、お友達とこぞって来られるご婦人方、一度来てみたかったとおっしゃる中学や高校の先生方、皆で車に相乗ってこられる主婦の皆さん、他大学の大学生、年に2回、滋賀県から3時間かけて来られる方、年間行事のように来られる通訳ボランティアサークル団体もいらっしゃいます。様々すぎてあげたらきりがありません。しかし、これらの人が一般公開に来るきっかけは同じで、「テレビで観た」もしくは、「雑誌、新聞で見た」です。そして皆さん、英語でチャットをし、アクティビティーに参加されます。

ここでは、一般公開に至った経緯や、その効果についてお話したいと思います。

一般公開と地域貢献

　大学の地域貢献は、海外の大学では当たり前になっていることですが、日本では、日常的に公開している大学はまだまだ、珍しいのではないでしょうか。「外国」である英語村では、オープンして一番にでた話題でした。英語村のコンセプトとして、学生はもちろん、教員、職員も英語に触れる機会が増えれば、英語はもちろん、文化理解が得られるのではないか。地域の皆さんにも同じことが言えるのではないかということでした。近畿大学自体、図書館を一般公開していたり、公開講座があったりと地域貢献には積極的な大学なので、村議会（英語村運営委員会）での決定はすんなり受け入れられました。

　はじめは、ネイティブスタッフも2～4人と少ない人数でやっていたのですが、一日の参加人数が増えるに従ってスタッフの人数も増えていきました。それだけでなく、2008年2月からは、アクティビティーもスタートしました。

　一般公開の時期（春休み、夏休み）には、附属や提携校に対する特別授業（英語村体験留学）も並行して行うことになりました。エリアを区切り、一般の方がネイティブスタッフとお話を楽しめる場、そしてアクティビティーを中心とした英語村体験留学ができる場を作りました。

プラスの連鎖反応

　一般公開をすることで、思ってもみない、プラスの連鎖反応が起こり始めました。もちろん、目的は、地域貢献ができ、大学を知ってもらうことなのですが、それによって、大学に対する評価にも一役買いました。それだけでなく、マスコミに取り上げられる機会が頻繁になり、多くの新聞、テレビ、雑誌に登場しました。大学広報としてよいだけでなく、このことにより、飛躍的に参加者も増えました。近畿大学学生にとっても、社会人や他大学の学生と話す機会となり、友達同士とは違う、様々な内容の話ができてよいという意見もありました。

増えた利用者の中には、春休み、夏休みということもあり、英語の好きな高校生が英語村を利用することにより、近畿大学を受験するモチベーションとなる。入試広報としての効果も大いにあるようです。

　しかもネイティブスタッフ募集にも一役を買いました。長期休暇があると、腰掛けのつもりのスタッフばかりが集まってくるというのです。大学の大型休暇は約4か月あり、1年で8か月しか仕事がないとそうなるのは当然だと思いました。一般公開により、この問題も回避でき、責任感の強いスタッフがたくさん集まってくれました。

　一般公開をすると、もちろん、人件費はかかりますが、プラスの連鎖反応により様々な効果が表れ、大学にとっても、地域社会にとっても有意義なプログラムになってきたと思いますし、さらなる、プラスの連鎖が起これば良いなと思っています。

7.4 サムライ in 御堂筋パレード

大阪の中心地、御堂筋に登場

　毎年 10 月に恒例で行われている御堂筋パレードに、本学英語村ネイティブ 9 人が「新撰組」の姿で出陣しました。それは、2007 年 10 月 14 日（日）のこと。晴天に恵まれ、まさにパレード日和のあたたかな一日でした。

なぜ新撰組なのか？

　2006 年 10 月 30 日に英語村がオープンしてからの状況を含め、北爪村長から理事長へご報告する機会があった時、はじめて挙がったお話のようでした。ただ単にネイティブが御堂筋パレードで歩くのではなく、「『新撰組』の装いで登場すれば、注目を集める」とのご発想を理事長からいただき、以後具体案が村議会で審議されることとなりました。そもそも、御堂筋パレードに出演する予定をしていたのは、本学応援部でした。応援部から、英語村への相談や出演依頼があったところに「新撰組」の話が挙がったため、ネイティブと応援部の学生たちの打ち合わせや練習が本格化したのです。言うまでもなく、打ち合わせなど、ネイティブと学生のやりとりは英語。目標があるからこそより一層、学生の伝えたい思いと英語にも力が入ります。

新撰組になりきるため

　"What is Shinsen-gumi?" 日本人でもストーリーを含めた内容を知らない方々が、少なからずいらっしゃると思います。私もそのひとりでした。新撰組を理解するため、「新撰組」とは何かを調べ、DVD を村議とネイティブが鑑賞し、立居振舞を確認しました。

着物の準備から着付けまで

　新撰組の衣装をレンタルできる会社は限られているし、サイズはネイティブ用、当日着付けまで出張してくれること……などと、数々の条件が挙がりました。取扱業者との交渉の結果、衣装のみでなく、映画の中で手にしているような提燈やはちまきにも、「近畿大学英語村」と掲げ、小道具にも力を入れました。

中央公会堂の中で

　入念な準備を経て、当日9人のネイティブが、スタート地点の淀屋橋に集合しました。着替えるのは、中央公会堂の中。専門の着付けスタッフが限られた時間でネイティブを新撰組に仕立て上げていきます。着物を着る機会がほとんどないネイティブにとって、「きっと窮屈で着心地も良くないだろう」と想像していましたが、着心地はそれほど気にもならず、むしろ凛々しく着付けられた姿に、大変うれしく満足しているようでした。

出てきたとたんに……！

　中央公会堂から新撰組の格好で出てくると、ネイティブを取り囲むようにして、急に人だかりができました。みなさん、手にしていたカメラでパシャパシャと撮影を始めだした光景には、驚きを隠せませんでし

た。この瞬間まさに、理事長が言われていた「注目を集める」とのお話が、絵に描いたように目の前で起こっているのを実感しました。

ついに新撰組出陣へ

　御堂筋パレードは恒例のテレビ生放送で紹介され、有名人が司会を務め、たくさんの報道陣でにぎわいます。今回も淀屋橋の大阪市庁舎をスタート地点とし、心斎橋まで、練り歩きます。「近畿大学応援部」の大きな学園旗を先頭に、チアリーダー、本学留学生、そして新撰組になった本学英語村ネイティブスタッフがたくさんの観客に見守られながら、堂々と御堂筋に出陣しました。

新撰組の足跡

　昼過ぎから行われた御堂筋パレードも、無事出陣を終えました。当日のテレビ生放送をはじめ、夜9時前のNHKでは、御堂筋パレードの紹介として、「近畿大学のネイティブが新撰組の衣装で登場し、注目を集めた」と、見事に放送されました。学生との打ち合わせにはじまった新撰組結成により、学内だけではなく、大阪のお祭りでもにぎわいを盛り上げることになりました。近畿大学英語村の大きな足跡のひとつとして、思い出は刻まれています。

8. 英語村裏話
Inside Stories

8.1 韓国英語村

きっかけ

　英語村の目的を念頭に置きながら、会議を重ね、具体内容を審議する中で、韓国では国家が英語教育に取り組む内容の一環として、「英語村」を建設したニュースが取り上げられました。それは、プロジェクト始動から約半年後のこと、まさに参考にしたい施設として「近畿大学英語村」プロジェクトは、メンバーから3人が、夏期休暇中に1泊2日で視察することになりました。ここでは、韓国政府が約100億円かけて建設したパジュキャンプ英語村について紹介することにします。

韓国英語村のあゆみ

　韓国京畿道政府は、英語力育成が国の教育力育成に最も重要で不可欠という認識に基づき、2004年にはじめて安山（あんざん）に英語村を創設。この施設が、英語漬けの生活をすることによる新たな英語教育法を導入した英語村になります。2006年にパジュキャンプ英語村が建設されました。

規模

　面積は84,000坪で、豪華な施設、設備というより実用的な施設と感じました。スタッフは100人のネイティブ教員、50人の韓国人教員で、英語村内にある宿舎に滞在しています。生徒の収容人数は550人で、学生寮に滞在できます。

韓国の中の英国

　実際の入国審査と同じような流れを体験して英語村内へ入ります。本物のパスポートを持ち、入国審査の職員に英語で質問に答えると入国が許可されます。マーケット街では、コンビニエンスストア、カフェ、レストラン、本屋が立ち並び、コンビニエンスストアではアルコールの販売もされます。カフェの店内ではよく使う英会話の例文が書き出されています。病院、銀行、旅行会社では、その場に必要な英語が学べるようになっています。警察、郵便局、市庁舎、監獄などの公共施設もあり、ロールプレイができるようになっています。劇場ではマジックショ

一、屋外ではストリートショー、アクティビティープログラムとして、料理、体操、ダンス、音楽、園芸、ロボット、おもちゃ制作クラスが用意され、子供たちが主役となり、英語に楽しくふれられるエンターテイメントが充実しています。劇場に関しては、基本的に入場料が必要となり（4,000ウォン～80,000ウォン）、人数制限も設けられています（各プログラムにより6人から40人まで）。10時から18時までのタイムスケジュールがパンフレットで紹介されています。実際に、私たちも入園料を支払い、子供たちに混じり、マジックショーを体験してみました。子供たちは、ほとんどが小学校低学年でした。観客席に座っている子供が数人舞台へあがり、英語でのやりとりがはじまります。テーブルの上には、コーラの缶が複数色並べられ、"What is your favorite color?"との質問に、子供は好きな色を答えます。その缶が消えるというマジックでした。また、違う子供に対して、舞台から"What is your favorite food?"との質問を投げかけ、そのシャイな子はしばらく悩んだ結果、"キムチチゲ"と答えている様子に、やはりここは韓国だと気づかされる、ほのぼのとした英語でのやりとりが深く印象に残っています。ネイティブスタッフと言葉を交わすという点において、今の本学英語村では、もっと身近にネイティブがいて、一緒にお茶やゲームを囲みながら、お互いの目を見てコミュニケーションが図れます。学生にとって、何よりの魅力は、そこにあると思います。

広報活動

　高速道路での掲示案内、世界中の新聞、テレビ放送（ドイツ、エジプト、スロベニア）で紹介されています。実際に取材に訪れた機関として、NHK、TBS、テレビ東京、BBCなどが挙げられます。現地へ向かう高速道路では、掲示案内が大変大きく、カラフルなものだったので、目を引きました。見た目のイメージも、楽しそうな施設であることを想像しました。

出張前に……

　視察出張の前には、建設費や実際の建物の規模があまりにも違うことから、視察の必要性や是非が問われる声もあり、すんなりと決行されたわけではありませんでした。英語村3周年を迎える今、振り返ると、当時審議されていた韓国英語村と本学英語村の「規模の違い」を感じることはありません。学生に限らず、附属幼稚園から中学校、高校生、そして受験生を含めた一般の方々からも親しみをもって接していただくようになりました。さまざまな角度からメディアに取り上げられたことも知名度を広め、学園内外問わず、注目を集めているという点からも、そのことはお伝えできると思います。

8.2 とっておきの話

教員、職員、学生の個性が光り

　アドバイザーとして着任された、文芸学部北爪教授、語学教育部カネル教授のもと、メンバーにはネイティブの先生方を加えたプロジェクトが結成されることで、普段の業務だけでは接することのない先生方、職員、そして学生たちと取り組めたことが、プロジェクトの醍醐味のひとつだと感じています。立ち上げ途中、経過報告の際には、理事長から、「学生の意見も反映させることが重要」とのご指導をいただき、海外研修に参加していた中から、先生の推薦された２人の学生が、ボランティアとして毎回の会議に出席してくれました。また、当時新聞でも大きく紹介されたゴスペル歌手でもいらっしゃる本学経済学部、非常勤講師の文屋範奈先生にもご協力をいただき、オープニングでは「アメージンググレース」をアカペラで歌ってくださいました。英語村立ち上げまでには、たくさんの方々のアイデアやご意見、独自の能力も生かしながら、それぞれが熱い想いで取り組んできた姿が思い浮かばれます。

Thanks to . . .

　2005 年 9 月、英語村プロジェクト立ち上げのときから、メンバーは所属する部署の業務とは別で、英語村プロジェクトとしての分担業務を担ってきました。私は書記として、会議の議事録や報告事項をまとめ、保管する担当をしています。今回、改めて英語村プロジェクト会議の記録を見ていると、随分長い時間をかけた会議で、当時はまだかたちになっていない構想案に取り組んでいた頃を思い出しました。例えば、お昼から 18 時まで続いた会議もありました。改めて、たくさんの方々のご配慮のおかげで、今の英語村があり、プロジェクト業務にも携われていることを実感しています。心から感謝申し上げます。

8.3 縁の下の力持ち

総務部からひとこと、ふたこと

　この章では、総務担当者の目線から見たスタッフの一面を紹介するとともに、英語村プロジェクトの現在についてお話したいと思います。

英語村スタッフに求めていること

　英語村常駐の事務スタッフは現在3人ですが、開設当初は1日100人の来場者があれば上出来、との考えだったので、事務スタッフは1人か2人程度のつもりでした。英語村イーキューブの建物管理と、併設しているカフェとのやりとり、来場する学生たちの場内整理など、簡単な事務作業だろうと想像していたのです。

　しかし、オープンしてみると、各章で紹介のとおり、英語村は1日に800人近くの学生が訪れ、さらに、キャンパス見学の高校生の方々や附属校、提携校の生徒の方、一般市民の皆さんに英語村の活動を紹介する大きな役目ができ、実にいろいろな業務をこなしていくことになりました。つまり、この事務スタッフがマネージャーとしてだけでなく、出演（？）もしていくことになったのです。

　ときにはアクティビティーの講師としてバンド、踊り、着付け、料理と多彩な特技を披露し、また、ときには学生たちの相談相手にもなります。英語村の印刷物は事務スタッフがパソコンを駆使して自らで制作していますし、ホームページの更新用資料や動画まで作成しています。また、地元のミニコミ誌にイベント紹介記事の掲載依頼をすることもあったり、アクティビティーの案を考えたり、イベントの出演者との交渉などもスタッフの仕事となります。このような状況ではとても一人や二人では手が足りないのですが、例えば、英語村イーキューブの天井から吊り下げる垂れ幕のデザインなどを専門業者の方にお願いしても時間とコストがかかるばかりでなかなか思うものが出来なかったことから、ほと

んど自分たちの手作りで必要なものを作り、また、工夫してきました。私はこれらの仕事をしてくれる事務スタッフの確保に取り組みましたが、これだけ色々な仕事をこなす職場であるにもかかわらず、どこで英語村のことを聞いてきたのか、非常に多くの方に英語村の仕事へ興味を持って応募していただきました。

　お願いしたスタッフの方々の中には、外国において例えば語学学校の秘書を経験した方、テーマパークでお土産売り場の販売員を経験した方、会社の電話相談業務を経験した方など、多彩な経歴を持つ方も多く、英語村のなかでそれらの経験も大いに活かしていただきました。「英語を使った仕事をしたい」と考える学生たちに多くの刺激を与えたこと、特に英語はそれ自体が仕事でなく、一つのツールとして使っていくものであることを感じていることと思います。

　同時に私たちも、事務スタッフの採用には職歴やアルバイト経験などの社会経験や、浴衣の着方やダンス、楽器演奏など、何らかの趣味や特技を披露できる人材を採用したいと思うようになりました。

　英語村の職員採用面接は英語と日本語で行います。自己紹介だけでなく、趣味や特技といったものもお聞きします。英語村の運営に必要なパソコンなどのスキルについても当然必要ですが、それらを問うだけでなく、アクティビティーにも活かせるような特技を持っていないかを尋ねるわけです。私個人は「特技」よりも「打ち込んだもの」、「机上での英語能力」よりも「英語を言語として生活した」といった経験が学生たちへの良い刺激になると考えています（これが採用基準というわけではありませんので念のため）。

　マニュアルだけでは答えられない多くの学生からの質問や相談に気さくに対応し、そして、社会人として指導が出来る方、プロの意識を持って対応する姿勢を求めているのですが、多くの国々から来日したネイティブスタッフと過ごす時間が多いので、国々の習慣の違いなどにより楽しい反面、苦労も多いと聞いています。英語村という「英語で遊ぶ」空

間において異文化に触れる機会を提供する場所だけに、意思疎通がうまくいかず人間関係が乱れることがないように、スタッフ個々の気配りのある対応を願っています。

休日出勤のドタバタもノウハウ？

　ネイティブスタッフは実によく動いてくれる人たちなのですが、急に英語村をオープンしないといけない日があったりするともう大変です。なかなかスタッフが揃いません。学園祭やオープンキャンパスなど、いまや本学でも目玉の一つとなった英語村には様々な依頼が舞い込んでくるのです。

募集担当者：大学見学にわざわざやってくる方々のために是非、当日開放してほしいんですけど。
仲上：その日英語村は休みなんで、そんなこと急に言ったって、スタッフが揃わないと思いますよ。
募集担当者：そこを何とか！　上司のほうからも是非ってことなんです。
仲上：英語村としても大学に貢献はしたいけど、どうかなぁ……。

　期待はしないでほしいと言いつつも、一応、話だけでもと思い、英語村のマネージャーと相談してみると、マネージャーもやっぱり困り顔。彼女はスタッフのことを隅々まで理解してくれているだけに、彼女がこんなに困った顔をするところをみると今回は「断るしかないのかな」と、半ば諦めかけていたのですが、

マネージャー：何人か相談してみますけど、期待しないでくださいね。
仲上：人数が揃わなかったらそのときはまた考えるから。

なんて、何をしたらよいのかさっぱりアイデアも湧かないのに生返事し

てしまいました。

　結局はマネージャーの説得で希望数のスタッフは何とか確保することが出来、担当者の苦労の甲斐もあり、見学会参加者には評判のようでした。実はこの見学会、なかなか大学まで来ることが出来ない方々なのか、いろいろと見学していかれたようです。

　このような急なオープン日は、最近は少なくなりましたが、当初は月曜から金曜まで、それも学生の授業日だけオープンにする予定でした。ところが、オープンキャンパス、学園祭、一般開放、附属校、系列校からの来訪など、土曜、日曜、学生の夏期休暇中のオープンも多く、開設当初から比べると年間のオープン日がとても多くなったように思います。ネイティブスタッフの出勤のやり繰りなどは大変でしたが、現在は登録しているスタッフも20名前後になります。

　ネイティブスタッフの色々な工夫により、アクティビティーなども充実してきましたが、これらを英語村にどのように積み重ねていくのかが今後の課題となっています。もちろん、急な出勤を出来る限り抑えて（これは一般の職場でも同じなのですが）予定をなるべく早く作成すること。アクティビティーのマニュアル化、ノウハウ化も課題です。年間スケジュールは3年間の試行錯誤のなかで定着化してきましたが、学部教育との連携、附属校の英語村体験の充実など、強化すべきこともまだまだあります。今回の本の出版はノウハウのひとつの集大成でもあるのですが、今後はスタッフ一人ひとりの特技をどのようにアクティビティーに繋げていくのか、また、アクティビティーをマニュアル化できないか、つまり、個人の特別な技量に頼らずに均質な教育を提供できるようにしていくこと、などの問題が山積しています。

　休日出勤のドタバタもまた、ノウハウの積み重ねの一歩なのです。

「近未来プロジェクト」と学内予算の確保

　本学では「近未来プロジェクト」と称し、20代から30代の若手職員を中心に10人から20人のチームを作り、様々な企画を実行する部署横断組織を編成する企画があります。主として学生との関係強化を軸に、全学を巻き込んで愛校心を深めることを目的にしており、「入学式プロジェクト」「学生食堂プロジェクト」など、いくつかのプロジェクトが組織され、多くの成果を挙げています。

　その中でも「英語村プロジェクト」は、教員との共同作業による「英語の遊び場」をコンセプトにした画期的な企画で、「近未来プロジェクト」の中でも教職協働の代表的な取組と言えます。

　多くのプロジェクトは達成すべき目標が比較的はっきりしており、例えば「入学式プロジェクト」なら、その年の入学式が終了すると解散し、また翌年度の入学式には違うメンバーを編成したりするのですが、この「英語村プロジェクト」はそれらと異なり、運営が軌道に乗るまで、このプロジェクトはつづけられます。いつ、どの位で「軌道に乗った」と言えるかは、私にもわかりませんが、本学のプロジェクトの中でも息の長いプロジェクトであることは間違いありません。

　ところで、これらのプロジェクトの大事な仕事のひとつが予算確保ですが、学内横断の若手中心のプロジェクトであるがゆえに経理面ではまだまだ手順がつかめず苦労することが多いようです。プロジェクトへの参加を機会に予算についての勉強をはじめる若手職員もいますし、私学助成金（補助金）を獲得するときには学内の各部署との連携も求められますので、これらのプロジェクトは「いい勉強の機会」を与えているのだと思います。

　英語村の予算編成についてですが、先ほども触れましたとおり、一日100人程度の来場を見込んでいただけに、実際に800人近くの来場者が訪れると、全く予算が変わってきます。ネイティブスタッフ、事務スタッフともに増員し、様々な印刷物なども充実してきました。また、月に

一度のイベントには芸能人や有名人も登場するようになり、当初の想像をはるかに超えて予算を増額しなければなりません。

英語村の予算は、学内では事業予算として計上していますので、大幅な予算増については計画そのものを再検討する必要があるのですが、今回は村議会に財務部の職員がいたことも幸いして担当者の理解がスムーズだったため、予算申請も順調に済ませることが出来ました（予算については 8.4 においても紹介しています）。

プロジェクトのことについては後述の私学助成金獲得でご指導いただいている日本私立学校振興・共済事業団が発行する「大学経営の事例集」（平成 19 年度版）においても紹介されています。

私学助成金だけでなく入学志願者の獲得も図る

学生の教育への運営経費に対して、補助金の対象とはならないのか。

このような要望は英語村の内外から強く、特に「遊び」を通じた英語へのアプローチはパイオニア的存在であるとの自負から、英語村では、文部科学省などが教育改革の取組に対して支援する補助金への応募を検討しました。

結果、「実践型英語教育プログラム～英語村活用モデルの構築～」として、日本私立学校振興・共済事業団（私学事業団）の大学教育高度化推進特別経費として採択されましたが、その間、経費処理などの様々な問題点について法人内の財務・人事・学術研究支援の各部署の担当者と英語村プロジェクトメンバーとの連携、そして私学事業団の方々のご指導をいただいた結果であったことは言うまでもありません。先に記した、私学事業団から発行する「大学経営の事例集」への掲載は、英語村のユニークな取組についてしばしば相談させていただいたこともキッカケのひとつであったと思います。

英語村への評価は「格付け」にも大きく影響しています。本学が株式会社格付投資情報センター R&I (Rating and Investment Information, Inc.)

から2009年8月に受けた格付けにも、大学の入学志願者の3年連続増加の原因を、入試広報の充実に加えて英語村、近大マグロなどの個性ある取組によるものと評価しています。特に英語村については、「学生からも好評で、英語教育に力を入れる近畿大学の意欲の表れ」と、高く評価しています。

　平成21年度入試から入学試験日にも英語村を開放し、休憩時間には受験生が英語村を訪れるなど、側面から受験生の定着を図るような取組も行われています。

　英語村がこの3年間に色々な活動を実践していますが、その活動の一つ一つが「英語村プロジェクト」としての独創的活動が多く、学内外に波紋を呼んだこともあります。しかし今後、英語村はその運営を「軌道に乗せる」ことがひとつの役目としなければならないと考えます。決して独創性を忘れず、なおかつ、そのこと自体を定型化していくことは非常に難易度が高いことかもしれませんが、近畿大学の「英語教育革命」の火を絶やさないようにするため、「英語村プロジェクト」は定型化していかなければなりません。

　教育と遊びの融合した空間での「新たな試み」が近畿大学の中で一つのカタチとなるよう、今後もその活動を見守り続けていきたいと思います。

8.4 プロジェクト発足から現在

急務

2005年度（9月）に発足した本プロジェクトは、当初2007年11月開始に向けて計画を進め、2007年度予算として事業計画化する予定でした。しかし、「斬新かつ効果的な本計画を、学生に早急に提供すべきである」とする経営的判断から、プロジェクト発足後間もなく、開始時期を2006年11月に変更されました。そのため、「次年度開始」に向けた予算確保のための事業計画立案が急務となったことは言うまでもありません。

本学では例年、当初・修正・補正の3回の予算編成を行っていますが、開始時期の変更時点で、既に次年度当初予算に向けた編成はスタートしていました。「過去の英語教育プログラムをふまえ、さらに斬新な内容をゼロから立案する」「学内生協跡地の有効活用としての施設建設を計画する」「専門スタッフの確保と運用方法を検討する」という、プロジェクトに課せられた重い命題を同時進行で検討するためには、当初予算編成期間での十分な議論は不可能と判断し、次年度早々に編成を行う修正予算での予算化を視野に入れました。それでも、準備期間は半年をきっていました。これは、本学が行う事業計画としては、その規模と内容からみても異例だったと思います。私自身、青天井のような計画が立案されるのでは、と心配した記憶があります。

具体化

短期間での立案を進めるため、プロジェクト会議の初期は教員メンバーのみならず職員メンバーからも内容に係る活発な意見が出されました。教育的側面から提案される新しい取組みや議論は興味深いものばかりです。しかし、バラエティの拡大はそれを運営する施設設備の拡大にもつながるため、経費をできるだけ抑えなければいけない、という管理的思惑とは徐々にズレが生じます。

そうしたジレンマを抱えたプロジェクトに転機が訪れたのは、様々な用途や運用を具体化できる施設が考案されたことです。当初「E-BOX」と名付けられた施設計画は、木造としては本学でも類を見ない外観や構造をもち、その実現だけで想像以上の経費が発生します。ですが、プロジェクトが目指したのは本学がこれまでに立案したことの無い、新しいスタイルの「英語とのふれあい」でしたので、その建物が持つ個性と将来的可能性を考慮して計画は進行しました。この決断の伴うステップが、プロジェクト全体の具体化に大きくつながったと実感しています。プロジェクト関係者が設計や建設手配を進めたこともスピードアップに貢献しているでしょう。

結束

　プロジェクト全体を象徴する「箱」のプランができた以上、それに見合う内容が求められるのは必然です。当初メンバーから発案されたアイデアで、「E-BOX」にて実現できるもの、実現できないものの「仕分け」が行われました。その結果、今の「チャット」「アクティビティー」「イベント」「カフェスタイル」等の「中身」が決定し、それぞれで分科会を開いて更なる検討が行われました。そこで、それぞれのアイデアを出し合いながら、新しい取り組みを可能な限り現実化するチャレンジや妥協が行えた理由は、教員・職員の垣根を越えた意見交換が行えたことであり、それを可能にしたのは「学生主体の教育でありプログラムである」という認識がメンバー全員の根底にあったが故の結束力の高さだったと思います。時には激しい議論も行われましたが、皆の目指す目標にブレがなかったからこそ、納得のできる結果を残していけるのだと考えます。学生から納められた学納金や補助金を基に運営される私学のあり方として、この認識は至極当然でありますが、それらの運用を小数のプロジェクトに一任されたことに、現在まで感じるプレッシャーがあるのもまた事実です。

責任

　最も困難を極めたスタッフ問題でしたが、学内各所管の協力によって教育施設としては本学でも珍しい専門管理スタッフ配置が実現化することができました。それを受けて立案された計画案は、学内にて稟議後、2006年3月に決定されました。それから、修正予算への事業予算計上へ申請されるわけですが、その時点では学内各部署との連携も始まり、大学全体の取り組みとして進行していきました。採決された本事業は、大学ホームページの2006年度事業報告でみることができます。

　2006年11月、学生公募により名づけられた「E^3」において、私も一日だけ「マネージャー」を務めることができました。おりしも大学祭の最中だったため、学生や近隣住民の皆さんが興味深そうに施設やプログラムを眺めていたことが印象的でした。私自身、これから始まる取り組みに期待を抱くと共に、今後運営していく上で発生する経費が頭をよぎったことは言うまでもありません。その責任はメンバー各自も重く捉えており、現在でも無駄な経費は抑えるように、アクティビティーの材料は勿論、施設内のポップ広告やチラシも全てスタッフで自作しています。そうした中で3年間の教育効果をあげてきた本施設が、今後も学生のために役立つプログラムが提供できるように配慮しながら、次年度の予算申請に向けた準備を現在取り組んでいるところです。

9. 附属校、系列校との連携活動
Kindergarten & High School

9.1 子どもたちは、英語村！ 大好き！

英語村のオープニングに参加

　小学校は、2006年10月に英語村が開村されたとき、その夏、ハワイの文化交流に参加した児童26人が、オープニングセレモニーに出演させていただきました。英語のスピーチでは、ハワイ・ホクラニ小学校を訪問したときの様子やホストファミリーとビーチで泳いだこと、ショッピングをしたことなど、楽しい思い出を紹介しました。また、ハワイの小学校の歓迎集会で踊った「近小よさこいソーラン」もハチマキにハッピ姿、手には鳴子で披露しました。

　本校では、この英語村開村以降、4年生の3学期と5年生の夏休みに希望者が、英語村に訪れて英語体験学習を行っています。4年生の3学期は、英語村のスタッフの方々と英語を使ってコミュニケーションを楽しむことを目的としています。5年生の夏休みは、8月の下旬に出発するハワイ文化交流の事前学習で、目前に控えたハワイ訪問で積極的に英語が使えるよう実践します。どちらも子どもたちにとって、貴重な体験となっています。

英語村の第一印象

　暖かい色調の木が格子状に組まれ、大きな立方体風の建物を見て、子どもたちは、「今から何が始まるのだろう？」「どんなことをするのだろう？」とワクワク、ドキドキ。建物に入ると、光が差し込み、開放的な雰囲気を感じます。そして、"Hello"、"Good morning"とスタッフの方々

の明るい声が飛んできます。英語村村長の北爪佐知子先生も笑顔で出迎えてくださいました。子どもたちは、少し緊張気味に、スタッフにあいさつを交わします。"Hello"、"Good morning"、"How are you?"……。

　英語村に入ると、日本語で話すことは禁止されています。ある子どもが、英語村を訪れたときの第一印象を「外国の森の中にある家のようで、まるで外国にいるような感じがしました」と言っていましたが、まさにこのときの瞬間を表現した言葉であると思います。

小学生の活動

　ネイティブスタッフが、英語でいろいろと話しかけてきます。「ん？」「ん？」と周りをキョロキョロ。「えっ、何？」「どうしよう？」「わからないなあ？」……

　しかし、よく見ると、スタッフは、ピクチャーカードを順番に掲げて何やら子どもたちに質問します。絵をよく見ると、水族館・動物園・海水浴などの絵があり、子どもたちは "summer vacation" という単語を聞き取ったようです。

　「夏休みに行きたいところを聞いているのかな？」スタッフが "run,

run, run"と合図をし、あわてて自分の行きたい所のカードのそばに走っていきます。

　この子どもたちの戸惑いが大切で、しっかりとスタッフの英語に耳を傾け、何を言っているのか聞き取ろうとして、単語ひとつでも分かれば大きなヒントになります。また、スタッフのみなさんは、アメリカ・イギリス・オーストラリア・ニュージーランドなどいろいろな国から来られており、個性的で楽しい人ばかりで、子どもたちもすぐにスタッフと仲良くなり、積極的に英語を通して関わっていきます。そんな不思議な空間をもっているのも英語村の特長です。

　カルタ大会もありました。いろいろな様子が描かれているカードを見て、スタッフが説明したsentenceと同じものを取るというシンプルなゲームです。"We play baseball."、"Yes!"ドン！バシィー！「痛〜い」"Don't speak Japanese."、"I'm sorry. . . . Ouch!"（笑）楽しく活動しながら、英語でコミュニケーションをはかります。

　イースター・カード作りやE^3 [E-cube]の建物の紙工作、紙飛行機作りなどを通して、英会話に慣れ親しんでいく活動もあります。スタッフは、道具や材料の用意、また、制作方法をパワーポイントで説明され、とても丁寧に教えてくださいます。"How?"、"Cut?"、"Same Angle?"、"Please look at my work."、"Here you are."など何とか自分の気持ちを伝えようといろいろと英語を使いながら制作していきます。また、パターゴルフやドラム演奏などは、スタッフと身体全体を使って、コミュニケーションをはかりました。

　英語村を出るときは、スタッフともすっかりとうち解けて、"See you again."、"Good bye."、"Thank you."という言葉が自然と出てくるようになります。帰り道では、「自分の英語が通じたよ」「少しだけ、何を言っているのかわかったよ」「自分の気持ちを伝えるのは難しかった。だから、余計に伝えたいという気持ちが強くなってきた。英語の勉強、がんばるぞー」「外国の方々といっぱいお話ができて楽しかった」「外国

に行ったことがなかったので、初めて外国に行った気分になりました」「遊びながら楽しく英語が学べたのが嬉しいです」「英語村！　最高！」……などの言葉が聞かれました。

ハワイとの文化交流

　このような英語村での貴重な体験は、5年生（希望者）のハワイ・ホクラニ小学校との文化交流で、大きな役割を果たしてくれています。それは、ホノルル空港に降り立った子どもたちの表情からも見受けられます。どの子どもたちの顔もいきいきとして、これから始まる文化交流に期待で胸をはずませ、英語村で体験したことを早く、実践したいという気持ちが表れているのです。そして、空港に出迎えてくれたホクラニ小学校の子どもたちやその家族に物怖じせず、笑顔であいさつをし、小学校訪問では、堂々と自己紹介をし、発表をしたりして、授業にも積極的に参加していきます。ステイ先では、ファミリーに自分の考えや気持ちを上手に伝え、楽しくなかよく過ごします。お別れのときは、別れを惜しんで涙する様子に文化交流、国際理解の一端を見る思いがします。子どもたちにとって一生の思い出になることでしょう。

幼稚園児の活動

　"Hello." のあいさつのあと、幼稚園児がフロアにすわり、スタッフの "Your name?" の問いかけで活動が始まります。園児たちは、笑顔で "My name is ～ ." と応えていきます。カードを使って、動物やものの名前、色や数などを英語で楽しく声に出して遊びます。また、うたを歌ったり、ダンスをしたり、ボールを使ってゲームをしたり、英語を聞いて身体全体を使って表現します。園児たちは、英語やスタッフの意図を本能的に理解することが多く、まったく気後れすることなく、いつもいきいきと活動しています。

英語村！　大好き！

　英語村では、英語を楽しみながら学ぶことができます。英語をコミュニケーションの道具として、英語を使う楽しさと「相手のことが理解できた」「気持ちが通じた」という喜びと自信をこの英語村は体感させてくれます。そして、子どもたちが主体的に「英語を使いたい」「英語で伝えたい」「もっと英語を学びたい」という気持ちを高めてくれます。英語村での体験のあと、子どもたちからから聞こえてくるのは、「英語村！　大好き」という言葉です。

9.2 高校生から見た英語村

　異文化と出会える異空間、やる気にさせる新世界、新たな私を発見できる場所、リラックス空間、日本の中の外国、心が躍るうきうき空間、0時間フライトの外国、気がつけば英語を話せているマジックハウス、英語村ムラムラさせる英語欲、おいしいハンバーガーとおいしい英語、遊イング空間、リフレッシュ村、創造的パワー空間、不思議パワー溢れた奇妙な空間、また行きたいところ、近代的近大村、英語楽園、受験勉強開放空間、明るく楽しいところ、いつまでも居たい快適空間、非日常的特別空間、気軽に英語に触れられる場所、楽しく英語が身につくところ……

　標記のタイトルでの執筆依頼を1ヵ月以上も前に頂きながら日常の雑務に追われて全く取り掛かっていないところ、原稿提出の依頼連絡が入

り、焦って生徒たちに「英語村に対する思いを出来るだけ短い言葉で表現しなさい」という質問をして返ってきた言葉が冒頭に羅列したフレーズです。

　毎年、夏期と春期の2回、本校生に利用機会を与えて頂いています。参加クラスは国際コース1、2年生です。初めて参加した生徒たちは、始めは戸惑いを感じて硬くなっていますが自然と氷が解けていくように笑顔が見え始め、全体がスムーズに流れ始めます。そして、あっと言う間に2時間が過ぎ、大変フレンドリーで魅力的なスタッフの方々との別れを惜しんで英語村を後にします。「また戻って来たい」という気持ちを抱き、10分少々歩いて日常世界の附属高校の校舎にたどり着くのです。半日にも満たない行事ですが、このプロセスはまさに留学体験そのものであり、「英語村体験」は「超短期留学」に相当するのでは……と言えば言い過ぎかもしれませんが、それに近い効果を期待できるものです。

　本校では、1年間の留学から10日間の短期語学研修まで多彩なプログラムを取り揃えて、異文化体験や英語コミュニケーション能力の育成のサポートをしています。このいずれかのプログラムに参加した生徒は、ほぼ全員が英語学習に対するモチベーションを上げて帰国し、異口同音に「また行きたい」と言います。親しくなった人たちとの別れの辛さや楽しかった思い出がそういう気持ちにさせるのでしょうが、英語力不足のためにホストファミリーなど現地の人たちに自分の思いを充分に伝えることが出来なかった口惜しさから「英語をもっと勉強してからまた行きたい」という気持ちになっている生徒が多いのも実際のところです。このような生徒が多くなることは研修を企画した教員側としては大変嬉しいことで、研修目的の9割は達成出来たと考えたいところです。短時間の英語村訪問でも、「もっと英語を話せたらもっと楽しかったのに！」「今度行く時までにはもっと英語を話せるようになって行こう！」という気持ちで英語村を後にする生徒も少なくないと確信しています。

英語村にまた行きたいと思う生徒の中には、日常の学校の授業から解放されて自由な雰囲気の中で非日常を楽しみ、リラックスした状態で異国気分に浸りながら学習したいという生徒が多いと思います。生徒達の冒頭にあるフレーズからも窺えるように、英語村は「非日常的な不思議なパワーを秘めたリラックス出来る楽しい遊びの空間」なのです。彼らは英語村には勉強をしに行っているのではないのです。美味しいハンバーガーを食べ、コークを飲み、バスケットボールやゲームをして遊びに行っているのです。遊びが苦手な者には退屈な場所かも知れません。「おまえらは正規の授業をつぶして、わざわざ大学まで遊びに行っているのか？　ふざけるな！」と頭の固い先生方からお叱りの言葉が聞こえてきそうですが、私はこれでいいと思うのです。いや、これだからいいのです！　遊びだから開放的な気分になれて、リラックスして間違いを恐れずに自発的に発話出来るようになっていくのです。間違いを指摘して訂正させる管理的な一方通行の教育では英語を話せるようにはならないのです。精神的に萎縮させるような環境では言語能力は身に付かないのは当然のことなのです。また、英語村は、ただ英語オンリーの空間というだけではなく、欧米文化の個々人を大切にするという文化環境をしっかり取り入れているように感じます。生徒たちはこの文化を感じ取り個々が生き生きとしてくるように思います。

　頭の堅い先生方（今の時代にこのような英語教師はほとんど居ないことを願っていますが）の素晴らしい授業を何時間聞いても、いや何日間聞いても、いやいや何年間聞いていても英語を話せるようには成らないのです。その証拠に中学校3年間、高校3年間、大学4年間、合計10年間英語を学んでも、ほとんど英語を話せないのが今の大人達です。高校の英語教師にまでなっても英語を話せない方々が多くいたのです。小泉内閣の時に「英語を話せる日本人育成の為の戦略構想」など、大層な事を打ち上げなければならなかったのもこういう現実があったからでしょう。これ以来、日本の英語教育も徐々に変わってきて、センタ

一試験にもリスニングが取り入れられ、英語教員もせめて英検準１級、TOEIC730点以上は取りなさいという指導が普通になっています。今や、大学卒の就職にはある程度のTOEICのスコアーが必要になっている企業が多いことも言うまでもないことです。時代は変わったのです。「英語科はいつの間に実技教科に変わってしまったのだ！」と数年前に喚いていた先生も、密かに英会話学校に通っているに違いありません。泳げない先生に泳ぎ方のレクチャーを理屈っぽく教室でされても泳げるようになるはずはないのです。先ずは、実際水に入って体を動かして泳いでみることで、できれば上手に泳げる先生に泳ぎ方を教わりたいものです。英語村というプールに入れば、気が付けば一生懸命に体を動かしていて、知らぬ間に泳ぎ始めているのです。そうです、正しい文法や発音に囚われる事無く、とにかく自分の言葉で話そうとする気持ちにさせてくれるのが英語村の環境なのです。

　皆さん「マルタ」ってご存知でしょうか？地球儀で見ればイタリア半島の南、地中海のど真ん中にある点のような島国です。約150年間英国の植民地時代があり、現在では「マルタ共和国」という独立国ですが、公用語が英語とマルタ語です。温暖な地中海気候に恵まれて過ごしやすく、大変治安の良い安全な国で、陽気な国民性で親しみやすい人々。しかもイギリスと比べると物価もかなり安く、英語を公用語としないヨーロッパ人の英語学習の格好の場となっています。本校国際コースの生徒達は、このマルタで語学研修を実施しているのです。米国多発テロ発生の年、米国の姉妹校での語学研修実施を見送り、米国の地政学的リスクに左右されない安全でしかもユニークな研修地を探して始めて辿り着いたのがマルタでした。日本の学校が語学研修として団体でマルタに滞在するのは史上初の出来事で、参加生徒全員が大統領に謁見するために大統領府に招待を受け、現地のマスコミで大きく取り上げられたのはちょっとした自慢話です。国内でも、新聞等に取り上げていただき『マスコミが注目！！　近畿大学ニュース100』にも記事の一部が掲載されています。

さて、マルタ研修を引き合いに出したのは単に自慢話のためだけではありません。ここでの研修は、他国（米国、ニュージーランド、オーストラリア、英国）での研修と共通部分も当然ありますが大変ユニークな点があります。その「共通部分」は英語村にも共通する部分であり、この「大変ユニークな部分」も基本的には英語村の根底にある理念に通じたものになるのではと思うのです。「共通部分」というのは、言うまでも無いことですが、英語オンリーの生活をして異文化を体験しながらコミュニケーション能力を向上させていくことです。そして、「大変ユニークな部分」というのが「英語はコミュニケーションツールで、日本人はジャパニーズイングリッシュで胸を張って堂々と話せばよいと認識させられる場面が多い」ということです。日本語を母国語として育った者にとって発音しにくい音は、発音しやすい音で代用すれば充分だと思えてくるのです。話し相手が日本人英語のパターンを迅速に習得すれば良いのです。大切なことは、コミュニケーションを図ろうとして発話を継続してゆくことで、文法的な完璧さや、発音の美しさではないのです。そういう考えにさせてくれるのがマルタ研修なのです。それは、英語研修に来ているイタリア人、スペイン人、フランス人、ドイツ人等と本校生が同じ家にホームステイしてコミュニケーションする機会が多く、その際は共通言語として英語を使用して、それぞれのお国訛りのある英語を使って堂々と恥ずかしがる事も無く話しているのを目の当たりにするからです。始めは、彼らは何語を話しているのかさっぱり理解できなかったが、よく聞いていると間違いだらけの文法と発音で英語を話していたというのです。そして、その友達になったイタリア人の英語が分かるようになったら、その同国の友人の英語も理解できたということです。マルタの英語学校の先生は綺麗なイギリス英語を話す人が多いですが、一般国民はマルタ訛りの英語を話す人がほとんどです。このような環境に身をおいて学習すると、自国の国民性を大切にしたい気持ちも強くなり、本当のインターナショナルの意味もなんとなく理解でき、コミュニ

ケーション手段としての英語の位置づけを会得してしまうのです。英米崇拝主義的な英語教育は既に終焉を迎えており、コミュニケーション手段としてアジアの人たちと英語を使う機会が益々多くなる時代です。正に「英語村」は英語教育の時代の使命を果たす、実学教育を重んずる近畿大学の創設者の理念にも適った魅力溢れる施設だと思います。そして、最後に一言。やはり人です！　この人ともっと話をしたいという人が居なければ始まりません。英語村の魅力溢れるスタッフに心から感謝！

付録 1
Appendics 1

2009 年度アンケート結果

英語村アンケート結果　[1000件]

実施期間：2009/06/17 ～ 2009/06/25

何学部ですか？

理工学部	317
経営学部	269
経済学部	165
文芸学部	107
法学部	100
薬学部	35
合計	993

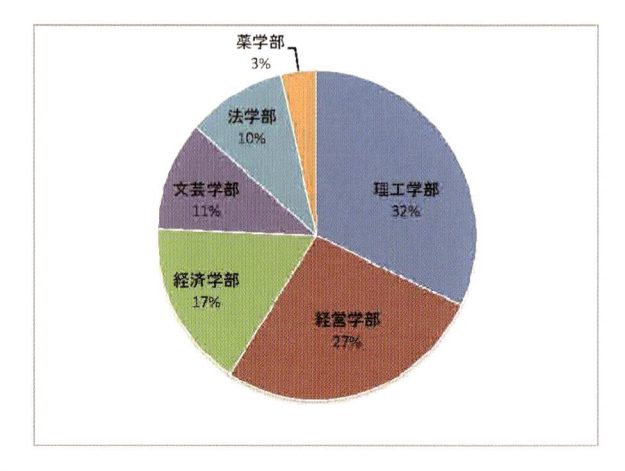

英語村をどのくらいの頻度で利用していますか？

初めて	74
今まで2～5回	486
月1～2回	166
週1～2回	152
週3～4回	44
ほぼ毎日	52
合計	974

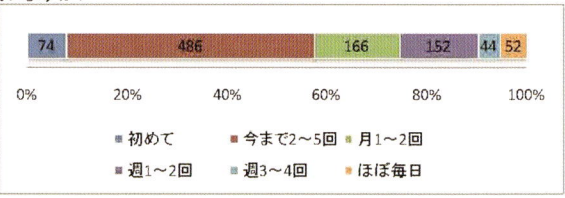

2008年との比較：　初めて利用する人数が5%減り、その分、月1～2回利用する人数が増えた。

来たときは何時間利用していますか？

1時間以下	623
1～2時間	296
2～3時間	26
3時間以上	8
合計	953

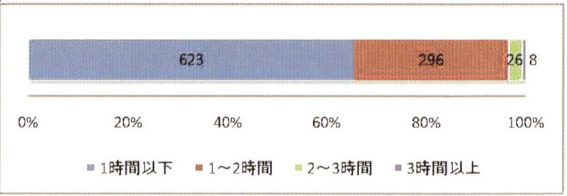

2008年との比較：　1時間以下利用する人数が5%減り、その分、1～2時間利用する人数が増えた。

英語村で利用していること(複数回答可)

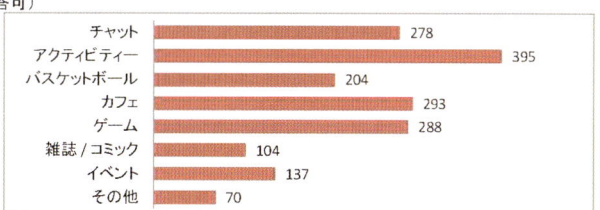

チャット	278
アクティビティー	395
バスケットボール	204
カフェ	293
ゲーム	288
雑誌/コミック	104
イベント	137
その他	70
合計	1769

英語村で利用している好きなこと

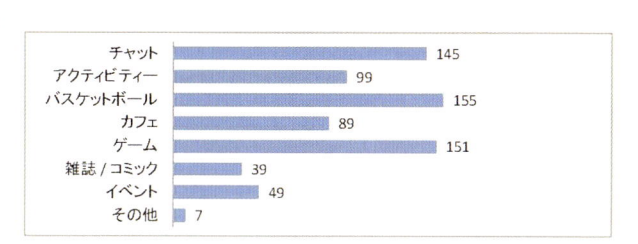

チャット	145
アクティビティー	99
バスケットボール	155
カフェ	89
ゲーム	151
雑誌/コミック	39
イベント	49
その他	7
合計	734

英語村で利用している役に立つこと

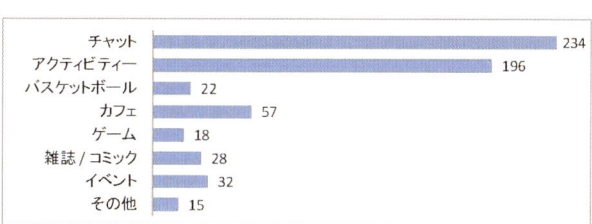

チャット	234
アクティビティー	196
バスケットボール	22
カフェ	57
ゲーム	18
雑誌/コミック	28
イベント	32
その他	15
合計	602

英語村で利用している好きでないこと

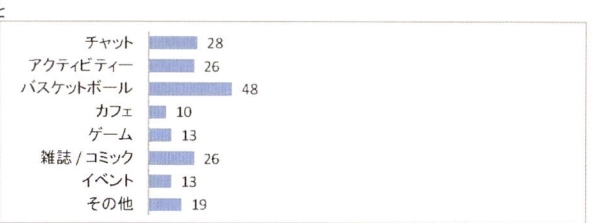

チャット	28
アクティビティー	26
バスケットボール	48
カフェ	10
ゲーム	13
雑誌/コミック	26
イベント	13
その他	19
合計	183

英語村で利用している役に立たないこと

チャット	13
アクティビティー	13
バスケットボール	22
カフェ	13
ゲーム	19
雑誌/コミック	20
イベント	5
その他	18
合計	123

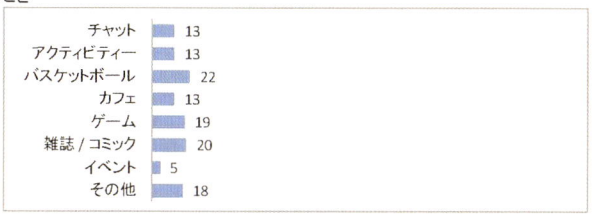

英語村を利用したことの成果について番号に丸をつけてください。
4:思う 3:少し思う 2:あまり思わない 1:思わない

F. 英語に触れる機会が増えた。

思う	438
少し思う	428
あまり思わない	93
思わない	20
合計	979
平均値	3.311

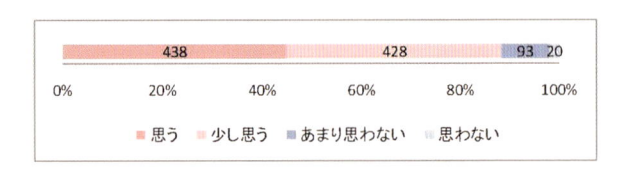

2008年との比較： 昨年は思う、少し思うの合計が87％であったのに対し、今年は88％であまり変わらなかった。

G. 留学など、海外に興味を持つようになった。

思う	271
少し思う	331
あまり思わない	285
思わない	93
合計	980
平均値	2.795

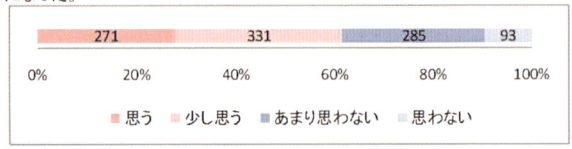

2008年との比較： 昨年は思う、少し思うの合計が62％であったのに対し、今年は61％であまり変わらなかった。

H. 英語の授業で習ったことを英語村で活用できたことがある。

思う	186
少し思う	391
あまり思わない	311
思わない	92
合計	980
平均値	2.684

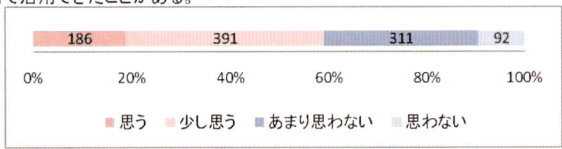

2008年との比較： 昨年は思う、少し思うの合計が50％であったのに対し、今年は59％で少し上昇した。

I. ネイティブスタッフと友達になった。

思う	177
少し思う	315
あまり思わない	291
思わない	184
合計	967
平均値	2.501

2008年との比較： 今年初めての設問であるため、比較なし

付録 2
Appendics 2

アクティビティー　カレンダー

April Monthly Activity

近畿大学 英語村 E³ [e-cube]

We're Open
Monday – Friday
10:00 – 06:00

Daily Activity
12:30 – 01:10
03:00 – 03:40
Check Out the Details Below

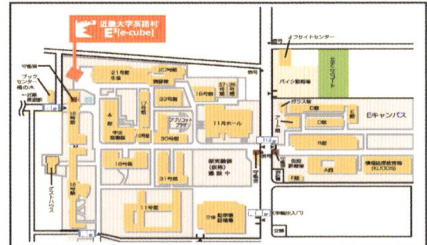

Monday	Tuesday	Wednesday	Thursday	Friday
2 Pronunciation W/Bret	**3** Basketball W/Nick B	**4** Paper Cutting W/Nathan 12:30 – 01:10 Only	**5** England W/Louise	**6** Easter Quiz Making Easter Eggs W/Dorian
9 Introduction of Capoeira W/Nick P	**10** Making a Wallet W/Nathan 12:30 – 01:10 Only	**11** Aroma Therapy W/Rebecca	**12** Cooking W/Alex	**13** Cricket W/Matthew
16 Travelling W/Rebecca	**17** Canada W/Nick	**18** Voice Training W/Keiko	**19** Australia W/Matthew	**20** E³ Dj Club Night Vol.01 05:00 – 08:00 DJ : Alex
Apr.16th –19th From 11:00 – 11:40		Color Coordination W/Louise		
23 Vietnamese Spring Rolls W/ Hamish	**24** Baseball W/Dorian	**25** Math Game W/Nick P	**26** America W/Bret	**27** New Zealand W/Hamish
Apr.24th –27th From 11:00 – 11:40		Percussion W/Alex		

APPENDIX 2 *217*

October Activity Schedule

E³ [e-cube]
10/1 – 10/31, 2009
We are open from 10:00am – 6:00pm

MON	TUE	WED	THU	FRI
ACTIVITY HOURS 1:20PM – 2:00PM (3RD PERIOD) / 3:00PM – 3:40PM (4TH PERIOD) / 4:40PM – 5:20PM (5TH PERIOD)			SURFING W/ MATTHEW **1**	DJ CLASS W/ DORIAN **2**
FIND SOMEONE WHO W/ EMILY **5**	LOW BUDGET COSTUMES W/ JOE **6**	CAN YOU CHALLENGE W/ SHANE **7**	KOCHI PREF. W/ TOMOKA **8**	BASS GUITAR W/ TIM **9**
HEALTH & SPORTS DAY **12**	HALLOWEEN COOKIES W/ SCOTT **13**	APPLE BOBBING W/ NATHAN **14**	PUMPKIN CARVING W/ SEBASTIAN **15**	Lunchtime Performance Contest **16** / DJ Club Night 6:00 ~ 7:30
PINATA W/ DORIAN **19**	PUMPKIN SOUP W/ MATTHEW **20**	PAPER MONSTER MIDGETS W/ LOUISE **21**	HALLOWEEN MONSTERS W/ BRET **22**	HALLOWEEN QUIZ W/ JILL **23**
SCARY MANGA W/ ANDREW **26**	GUESS WHAT'S INSIDE THE BOX W/ NICK **27**	HISTORY OF HALLOWEEN W/ JEREMY **28**	HORROR MOVIES W/ JULIA **29**	Halloween Costume Contest **30** / Lunchtime / Trick or Treating / Face Painting / Guest Performance

http://www.kindai.ac.jp/e-cube/

E³ [e-cube]
DECEMBER ACTIVITY SCHEDULE
12/1 ~ 12/24, 2009

MON	TUE	WED	THU	FRI
Activity Hour 1:20pm - 2:00pm (3rd Period) 3:00pm - 3:40pm (4th Period) 4:40pm - 5:20pm (5th Period)	**1** Decorating Xmas Cookies w/ Joe	**2** Advent Calendar w/ Jeremy	**3** Santa Claus w/ 'St.' Nick	**4** Hanukkah w/ Dorian
Christmas Charity Art Market unicef Dec. 7th & 8th 10:00am - 5:00pm		**9** Xmas Candle Making w/ Louise	**10** Xmas Stocking Making w/ Sebastian	**11** Xmas Movies w/ Jill
14 Xmas Ornaments w/ Andrew	**15** CHRISTMAS DINNER 6:15PM-8:00PM	**16** Paper Snowflakes w/ Shane	**17** Rice Crispy Xmas Trees w/ Scott	**18** Chocolate Snowballs w/ Nathan
21 Wrapping Odd-Shaped Gifts w/ Julia	**22** Xmas Bingo w/ Tim	**23** THE EMPEROR'S BIRTHDAY No School	**24** Xmas Cards w/ Matthew	**Merry Christmas & Happy New Year**

We are open from 10:00am to 6:00pm.
http://www.kindai.ac.jp/e-cube/

執筆者一覧
（章執筆順）

世耕　弘昭（せこう　ひろあき）　学校法人近畿大学理事長

畑　博行（はた　ひろゆき）　近畿大学学長

世耕　弘成（せこう　ひろしげ）　学校法人近畿大学副理事長、参議院議員

北爪　佐知子（きたづめ　さちこ）　近畿大学文芸学部教授、英語村村長、キャリアセンター長、学校法人近畿大学評議員

Kim Robert Kanel（キム・ロバート・カネル）　近畿大学語学教育部教授、英語村副村長、語学教育部オーラルイングリッシュ教育主任

岡本　清文（おかもと　きよふみ）　近畿大学文芸学部芸術学科准教授

萩原　理実（はぎわら　さとみ）　近畿大学管理部施設管理課課長

吉本　直子（よしもと　なおこ）　近畿大学学務部共通教育課主任

門　利幸（かど　としゆき）　近畿大学附属福山高等学校、近畿大学附属福山中学校事務室事務長補佐

岩下　恵子（いわした　けいこ）　近畿大学総務部英語村マネージャー

Matthew Thornton（マシュー・ソーントン）　近畿大学英語村ネイティブスタッフ

Nicholas Musty（ニコラス・マスティ）　近畿大学英語村ネイティブスタッフ

Julia Gadd（ジュリア・ガッド）　近畿大学英語村ネイティブスタッフ

Jeremy Scott（ジェレミー・スコット）　近畿大学英語村ネイティブスタッフ

Andrew McAllister（アンドリュー・マクアリスター）　近畿大学英語村ネイティブスタッフ

Joseph Stewart（ジョセフ・スチュワート）　近畿大学英語村ネイティブスタッフ

Dorian Holder（ドリアン・ホルダー）　近畿大学英語村ネイティブスタッフ

Shane Inwood（シェイン・インウッド）　近畿大学英語村ネイティブスタッフ

Francis Abbott（フランシス・アボット）　近畿大学語学教育部非常勤講師

Alison Kitzman（アリソン・キッツマン）　近畿大学語学教育部講師、英語村副村長

Todd Nelson Thorpe（トッド・ネルソン・ソープ）　近畿大学文芸学部講師

中島　弘貴（なかじま　ひろき）　近畿大学九州短期大学事務部教学課課長

谷口　佳代（たにぐち　かよ）　近畿大学秘書室

仲上　徹（なかがみ　とおる）　近畿大学総務部総務課課長補佐

河上　宗司（かわかみ　しゅうじ）　近畿大学財務部経理課主任

木原　晴夫（きはら　はるお）　近畿大学附属小学校校長・附属幼稚園園長、学校法人近畿大学評議員

田中　聖二（たなか　せいじ）　近畿大学附属高等学校英語教員、進路指導部長

■ 編著者

北爪　佐知子（きたづめ　さちこ）
（略歴）大阪大学文学部英文科卒業、大阪大学文学研究科博士前期課程修了
（著書）*How to Do Things with Words*
（論文）"Middles in English"（*WORD Journal of the International Linguistic Association*, Vol. 47, No. 2)、"Do the Japanese have a sense of humor?"（*Society*, Springer)、「「笑い」と「ユーモア」の視覚的考察」（『笑いの科学』Vol. 2、ユーモア・サイエンス学会）、「タイソンジョークスの語用論的考察」（*JELS* 16、日本英語学会）等

近畿大学英語村村長の告白　　　　　　［検印廃止］

2010 年 3 月 30 日　初版発行

編　著　者　　北　爪　佐　知　子
発　行　者　　安　居　洋　一
組　　　版　　ほ　ん　の　し　ろ
印刷・製本　　創　栄　図　書　印　刷

〒162-0065　東京都新宿区住吉町 8-9
発行所　開文社出版株式会社
TEL 03-3358-6288　FAX 03-3358-6287
http://www.kaibunsha.co.jp

ISBN978-4-87571-874-1 C0076